님께

"Try, like Hyeon Jong Choi"
시도하라, 최현종처럼

Try, like Hyeon Jong Choi
by Dong Heon Shin & Hyeon Jong Choi

Korean copyright © 2018 JIILBOOKS Publisher
All rights reserved.

이 책의 저작권은 도서출판 지일북스에 있습니다.
저작권법에 의하여 한국 내에서 보호를 받는 저작물이므로
무단전제와 무단복제를 금합니다.

"Try, like Hyeon Jong Choi"

시도하라, 최현종처럼

신동헌·최현종 지음

도서출판 지일북스

CONTENTS
차례

추천의 글

이수연 교육감
008

이문용 회장
011

윤경희 청송군수
014

임원영 현동중교장
017

02
스태킹과 종이컵
051

03
스태킹으로 스태킹에?
067

04
첫 대회, 첫 우승
073

08
봉사활동도 챔피언
137

09
축하메시지
143

10
언론 속 최현종
159

책을 펴내며 '자율과 협력, 배려와 소통'의 스포츠스태킹 **020**	**편지** 스태커들에게 **023**	**01** 최현종과 스포츠스태킹 **025**
05 내 생애 첫 국가대표 **083**	**06** 2015 캐나다, 첫 국제대회 **095**	**07** [영재발굴단]이 두 번 검증한 '영재 중의 영재' **113**
11 스태킹과 스태커 **189**	**12** 스포츠스태킹과 진로 **219**	**맺으며** 긍정의 스포츠 **235**

추천의 글

"스포츠스태킹과 혁신교육은 닮은 꼴"

서울시교육청 교육감
조희연

'스포츠스태킹'(Sport Stacking), 이름은 낯설지만 누구나 한 번쯤은 TV 광고에서도 봤을 법한 스포츠입니다. 세계스포츠스태킹대회 챔피언이 된 최현종 학생과 스포츠스태킹 코치와 심판 활동을 하면서 동시에 혁신교육과의 소통을 위해 노력하고 있는 신동헌 선생님이 함께 쓰신 책, '시도하라, 최현종처럼'의 출간을 축하합니다.

최근 학교스포츠클럽이나 생활체육으로 각광받고 있는 스포츠스태킹은 1980년대 초반 미국 남부 캘리포니아 지역에서 단순한 게임 형태로 시작되었고, 10년 후 1990년에 초등학교 체육교사였던 밥 팍스가 TV 프로그램에 나온 컵 쌓기를 보고 교육적으로 활용하기 위해 오늘날의 스포츠스태킹을 고안했다고 합니다. 밥 팍스가 교육자로서의 남다른 통찰력과 시각이 없었다면 지금의 스포츠스태킹은 불가능했을지도 모릅니다.

2010년 이후 우리나라 청소년들도 많이 즐기게 된 스포츠스태킹은 학생들이 주도적으로 선택하고 참여함으로써 널리 확산된 대표적인 스포츠 활동이라 할 수 있습니다. 또한 개인기록 갱신이 갖게 되는 한계를 팀 스포츠로 보완

함으로써 협력이라는 사회적 미덕도 함께 함양할 수 있는 스포츠이기도 합니다. 이러한 스포츠스태킹의 교육적 의의는 서울시교육청이 추구하는 '모두가 행복한 혁신미래교육'의 지향점과도 일맥상통합니다.

서울시교육청에서 추구하는 '모두가 행복한 혁신미래교육'은 경쟁, 서열, 성과 위주의 교육보다는 자율과 창의성을 기르는 민주적인 교육, 협력의 원리에 기초한 지성·감성·인성의 균형 있는 발전을 촉진하는 교육을 의미합니다. 한국 사회는 1960년대 이후 서양을 따라잡는 추격 산업화에 매진해왔고, 세계가 부러워하는 수준의 '성공'을 이루었습니다. 추격산업화시대의 교육은 일등주의, 학교 권위주의, 암기식 교육에 바탕을 두고 있었습니다. 그러나 이러한 교육시스템은 그 시대적 소명을 다하였으며, 오히려 새로운 미래시대를 열어갈 창의적 인재 육성에 걸림돌로 작용하고 있습니다.

미래사회에 필요한 인재는 지식의 기계적 암기에 능통한 인재가 아니라, 문화·예술적 감수성을 내재적으로 갖춘 창의적 인재입니다. 이에 서울미래교육은 '지성·감성·

추천의 글

인성의 균형 있는 발전을 촉진하고 미래사회에 필요한 창의적 사고력 및 소통과 협력의 리더십(leadership) 함양'을 추구하고 있습니다. 그리고 앞으로도 '서울미래교육의 새 희망'을 열기 위하여 변화와 혁신을 통해 미래교육을 구체화하고 실천하는 일에 꾸준히 매진할 것입니다.

"우리 아이들이 지금 학교에서 배우는 내용이 과연 20년 뒤에도 쓸모가 있을까요? 21세기를 지나 22세기까지 살아야 할 우리 아이들은 어떤 능력을 갖춰야 하며, 어떤 삶의 방식을 배워야 할까요?"

스포츠스태킹을 매개로 위 질문의 답을 함께 고민할 수 있는 기회를 만들어준 저자들에게 고마움을 느낍니다. 이 뜻깊은 책이 많은 분들에게 큰 울림으로 퍼질 수 있기를 기원합니다. 아울러 우리 학생들이 더욱 행복해지고, 더불어 성장할 수 있는 경험이 다양한 삶의 영역에서 마련되기를 기원합니다.

2018년 10월
서울시교육청 교육감 조 희 연

"세계챔피언의 끝없는 도전 응원"

(사)대한스포츠스태킹협회
회장 이문용

먼저, 최현종 선수가 "스포츠스태킹" 종목의 세계챔피언에 오르기까지의 많은 도전과 경험을 담은 '시도하라, 최현종처럼' 출간에 격려와 축하의 박수를 보냅니다.

지난 2011년 전주교육지원청장으로 재임하던 중, '스포츠스태킹'종목을 청소년들이 즐기는 학생체육으로 소개하고, 비영리 사단법인 대한스포츠스태킹협회를 창립한지도 어느덧 7년이 지났습니다.

지난 2017년 2월, 체육교사로 시작된 40년간의 교직생활은 마무리되었지만, 양손을 사용하는 실내스포츠인 스포츠스태킹 종목의 협회장으로써 새로운 도전을 하고 있습니다.

스포츠스태킹 청소년 국가대표가 되어 국제대회에 출전하는 도전의 과정은 매년 그 참여 학생이 늘고 있습니다. 청소년들에게 이런 국제경기 참가의 경험은 스스로의 자긍심과 세계의 친구를 만나고 문화를 배울 수 있는 글로벌 인재로써 커나갈 기회가 됩니다.

추천의 글

저는 만 10살 밖에 되지 않은 어린 소년의 긴장했던 첫 도전을 기억합니다.

결국, '경상북도 청송'이라는 작은 마을에서 온 이 소년이 2017년 세계기록을 보유하는 큰 성취를 해냈습니다.

최현종 선수는 2015년 첫 국가대표로 발탁된 이래, 독일, 대만, 미국 등 국제 대회와 국내 챌린지대회에서 우수한 기량을 보여주었고, 청소년들에게 인기 있는 각종 SNS와 방송에 출현하며 스포츠스태킹 선수로서 많은 활동을 하고 있습니다.

최현종 스태커는 이제 중학교 3학년인 16살의 앳된 소년이지만, 대한민국의 스포츠스태킹 국가대표 선수로서 천 만 명이 넘는 세계의 스태커들로부터 관심과 존경을 받는 세계챔피언입니다.

흔히들 스포츠스태킹을 "손으로 하는 육상경기"라고 부릅니다.

찰나의 초를 겨루는 경기에서 수많은 실수와 좌절이 반복되었지만, 포기하지 않고 다시 도전하는 최현종 선수의 모습이 다른 청소년들에게 귀감이 되길 바랍니다.

지난 몇 년의 도전과정을 담은 이 책이 우리의 청소년들에게 도전의 용기를 북돋아 주길 바랍니다.

스포츠스태킹 세계챔피언에 오른 최현종 선수의 새로운 도전을 응원합니다. 이번의 새로운 도전을 계기로 더욱 발전하고 성장하는 최현종 선수가 되기를 소망합니다.

2018년 10월
(사)대한스포츠스태킹협회 회장 이 문 용

| 추천의 글 |

"재능으로 청송 알린 빛나는 존재"

청송군수 윤경희

지난 4월, 미국 올랜도 Rosen Plaza에서 열린 '2018 WSSA 월드스포츠스태킹 챔피언십' 대회에서 대한민국 국가대표로 출전해 우승한 청송군 현동중학교 최현종 학생의 경기 모습에 깊은 감동을 하였습니다.

마치 묘기를 하듯 스릴 넘치는 경기를 펼치기 위해 그간 끊임없는 훈련으로 매 순간 최선을 다했을 최현종 학생을 생각하니 더욱더 큰 감동으로 다가옵니다.

스포츠스태킹은 현재 60개국 43,000개 이상의 학교에서 체육프로그램으로 시행되며, 다양한 연령대의 학생들에게 긍정적인 영향을 주고 있음은 물론 유아에서 노인에 이르기까지 누구나 쉽게 배우고 즐길 수 있는 생활 스포츠입니다.

최현종 학생과 청송군의 모습은 참 많이 닮았습니다.

우리 군은 인구 3만 명의 지방의 작은 도시이지만 수 억 년 지구의 시간을 품은 지질유산과 문화·역사를 세계적으로 인정받아 대한민국 내륙 최초로 유네스코 세계지질공원에 등재되며 연간 500만 명의 관광객이 찾는 휴양도시가 되었습니다.

산업화와 도시화가 경쟁력으로 생각되던 시대를 지나 지역의 문화와 전통이 자산이 되고, 획일적인 교육의 틀에서 벗어나 학생마다 가지고 있는 고유한 재능만 있다면 지방에서도 충분히 자신을 발전시킬 수 있는 많은 길이 열려 있습니다.

이처럼 자신만의 고유한 자산과 재능이 있다면 어디서든 빛나는 존재가 될 수 있습니다.

국제무대에서 당당히 경기를 펼치며 대한민국은 물론 청송을 널리 알려준 최현종 학생의 열정과 도전정신에 다시 한 번 감사의 말을 전합니다.

아울러 "현재는 과거의 발자취의 무게이며, 미래를 세우는 중심축이다."라는 말처럼 오늘도 세계 각국에서 저마다의 꿈과 희망을 쌓아가고(Stack) 있는 스포츠태킹 선수 여러분들의 뜨거운 열정과 희망찬 미래에 힘찬 응원의 박

> 추천의 글

수를 보냅니다.

훗날 청송을 방문하시면 자연이 만든 붉은 보석인 명품 청송사과도 맛보시고 사계절 다른 매력을 가진 사람과 자연이 공존하는 청송에서 소중한 추억을 가슴속에 담아가는 시간도 가져보시기 바랍니다.

청송(靑松)의 푸른 소나무보다 더 푸른 최현종 학생의 무한한 가능성과 희망찬 미래를 고향 청송에서 항상 응원하겠습니다.

모든 분들의 가정에 항상 건강과 행복이 가득하시기를 기원합니다. 감사합니다.

2018년 10월

청송군수 윤 경 희

"높이 날아 멀리 보는 사람이 되길"

현동중학교 교장
임원영

　스포츠스태킹 국가대표로 활동하고 있는 현종이는 우리 현동중학교 3학년에 재학하고 있는 자랑스러운 인재입니다.

　현동중학교는 1953년에 개교하여 3,470명의 졸업생을 배출하였습니다. 우리 학교는 공교육의 중심으로 사명을 다하고 있으며 "새로운 생각과 참된 마음을 지닌 인재육성"이라는 지표를 가지고 아이들의 꿈과 희망을 키워가는 즐거운 학교를 만들기 위하여 교직원 모두 최선을 다하고 있습니다.

　특히 학생들이 긍정적인 사고와 적극적인 태도를 가지고 자기주도적 학습능력을 향상하도록 지도합니다. 또한, 이를 바탕으로 학습 의욕을 높여 나가며 새로운 것을 알게 하여 즐거움을 주는 교육으로 언제나 오고 싶은 즐거운 학교를 지향합니다.

　"근면·인내"를 교훈으로 올바른 가치관을 지닌 인재를 양성하고자 항상 노력하는 시골의 작지만 예쁜 학교입니다.

추천의 글

현종이는 초등학교 3학년 때부터 종이컵을 가지고 노는 것을 즐겼습니다. 그렇게 시작된 종이컵 놀이는 12개의 컵을 이용하여 다양한 방법을 구사할 수 있을 정도로 점점 발전하게 됩니다. 종이컵을 쌓고 내리는 실력은 점점 향상되어 우리 현동중학교를 입학한 2016년에도 스포츠스태킹 국가 대표에 선발됩니다. 이후 현종이는 해마다 국가대표로 선발되어 남자부 개인종합 1위를 하는 등 우리 현동중학교의 이름을 날리는 재원이 되었습니다.

영광스럽게도 매년 국가 대표로 선발되어 국가를 대표한다는 생각에 매우 뿌듯해하던 그 모습이 생각납니다. 2017년 12월에는 3-6-3 종목에 참가하여 세계신기록을 수립하여 우리 학교뿐만이 아니라 우리나라 위상을 높여나가는 자랑스러운 선수가 되었습니다. 스포츠스태킹은 집중력과 순발력을 바탕으로 기술과 스피드를 요구하는 종목입니다.

현종이는 자신의 재능을 찾아 꾸준한 노력으로 푸른 꿈을 키워나가는 우수한 학생이라고 할 수 있습니다. 이는 우리 현동중학교 학생들에게도 창의적인 인재로 성장해

나가는 것이 어떤 것인지를 보여주는 아주 좋은 귀감이 되었습니다. 학교 축제 때 음악에 맞추어 스포츠스태킹을 하는 현종이의 모습이 떠오릅니다. 우리 전교생뿐 아니라 축제에 참석한 지역주민들까지 현종이가 구사하는 스포츠스태킹을 보면서 박수를 치며 즐거운 시간을 보냈습니다. 현종이는 자신의 재능으로 많은 사람들에게 즐거움을 선물하고, 꿈을 향해 승승장구하며 기염을 토하는 그런 아이입니다.

또 한해가 지나가고 있습니다. 초롱초롱한 눈으로 우리 학교에 입학한 것이 엊그제 같은데 현종이가 졸업할 시간이 얼마 남지 않았습니다. 갈매기의 꿈에서 "높이 나는 새가 가장 멀리 난다."고 했습니다. 현종이는 자신의 재능을 살려 멀리까지 날아갈 것입니다. 자신의 꿈을 포기하지 않고 노력한다면 스포츠스태킹 지도자로도 우뚝 설 수 있으리라 기대합니다. 앞으로 계속될 현종이의 옹골찬 비상을 위하여 우리 모두 한마음 한뜻으로 현종이를 응원합니다.

2018년 10월
현동중학교 교장 임 원 영

책을 펴내며

'자율과 협력, 배려와 소통'의 스포츠스태킹

스포츠스태킹은 스스로 선택해서 시작하고, 자신의 목표를 이룰 때까지 최선의 노력을 다하는 스포츠입니다. 개인이 갖는 한계는 더블이나 릴레이와 같이 협력하는 활동에서 극복됩니다.

경기는 대부분 점수를 더하는 방식이지만, 유독 '팀대항릴레이'에 '패널티포인트'라는 부정적 평가방식을 넣은 건, 상대 팀과 같은 코트에서 경기를 치르는 유일한 종목으로 상대 팀을 방해할 수 있는 요소를 감점하는 '배려'의 결과입니다. 여러 스태커를 만나 '소통'하면서 '성장'하는 건 스포츠스태킹이 가진 가장 큰 매력이자 철학입니다. 이 얼마나 멋지고 아름다운가요.

선수로서 대회장에서 경기를 치르고, 심판으로 스태커들을 만나는 건 큰 즐거움입니다. 아카데미로의 성인과 청소년 자격과정은 전문가로 성장하는 발판이 되었으며, 초·중·고등학교는 물론 각종 센터에서 종교기관까지, 유·아동에서 성인, 시니어, 교사 직무연수와 기업체 신입사원 연수, 마을박람회나 서울학생체육관의 체험부스, 잠실올림픽공원 무대행사… 일일이 열거하기 어려울 만큼 정말 많은 경험과 사람을 만났습니다.

지난 1월 25일, '2018 월챔' 국가대표 3차 선발전이 열린 코엑스에서 현종이에게 넌지시 책에 대한 얘기를 전했고, 얼마의 시간이 흘러 책을 쓰자는 현종이 아버지의 연락을 받았습니다. 청송 현종이네 집을 찾아 나흘에 걸친 인터뷰와 스튜디오 촬영, 교정과 인쇄까지 일사천리였습니다. 스포츠스태킹이 운명처럼 다가왔듯이 현종이 책은 나에게 숙명이었습니다, 결코 거부할 수 없는.

더위도 진짜 무더웠던 지난여름, 더위도 잊을 만큼 책에 열중할 수 있도록 도와주신 분들에게 이 자리를 빌려 감사를 전합니다. 오랜 벗 고맹수 님, 좋은 협력 모델을 제공해주신 '셰프콘서트' (주)하이플로리싱의 정우일 이사님, (주)그린아워의 이정훈 대표님, 창의융합연구소 최근영 대표님, 그리고 이정원 대표님께 감사드립니다.

특히, 스포츠스태킹 발전에 힘쓰고 계신 (사)대한스포츠스태킹협회 임직원을 비롯해 대전협회의 이세환 회장님, 부산의 김태훈 이사님, 수원의 정이식 관장님, 안성의 김경권 대표님, 그리고 다양한 이야기를 알려준 조재영 군에게도 진심 어린 감사를 표합니다.

또한, 스포츠스태킹에 남다른 열정으로 소중한 기회를 주신 성북강북교육지원청 장석원 장학사님, 서울시교육청

이영일 주무관님, 강서혁신교육추진단의 손효순 분과장님, 최정희 분과장님, 허은주 분과장님, 홍진영 분과장님, 공진초등학교 윤수경 수석교사님, 강서구청소년상담복지센터의 정상준 팀장님을 비롯하여 강서혁신교육에 힘을 보태고 있는 모든 분께 감사드립니다.

아울러 우리 가족, 그림을 좋아하는 이쁜 수민이, 동생을 항상 잘 챙겨서 엄마 아빠의 빈자리를 든든하게 채워주는 진산이, 놀라운 어휘력으로 활력을 주는 준민이, 제 일을 즐기며 사는 아내 혜원에게 사랑과 고마움을 전합니다.

이밖에도 물심양면 도와주신 많은 분과 스포츠스태킹을 사랑하는 모든 스태커들에게 감사를 전하며, 스포츠스태킹이 발전하고, 스태커들이 더 많은 기회를 누릴 수 있는 밑거름이 되기를 바랍니다. 고맙습니다.

2018년 10월
지일작은도서관에서 신 동 헌

안녕,

스포츠스태킹 국가대표 최현종이야.

스포츠스태킹은 정말 대단한 스포츠야.

우승 트로피를 들고 시상대에 서면

세상을 다 가진 것처럼 짜릿한 기분을 느끼게 돼.

특히, 전 세계 수많은 친구를 만나게 해주었고,

통역사라는 꿈도 갖게 해주었어.

그런데 이렇게 좋은 스태킹을 쉽게 포기하는 걸 보면

마음이 아파.

정말 재미있게 즐길 수 있는 스포츠인데 말이야.

물론 연습하다 보면 슬럼프가 올 때도 있어.

그럴 때는 포기하지 말고, 원인을 찾아봐.

찾을 때까지 계속 찾아봐. 그럼 원인을 찾을 수 있어.

원하는 목표도 반드시 이룰 수 있을 거야.

스태킹을 즐기는 너희를 언제나 응원할게. 파이팅!

2018년 10월

스포츠스태킹 국가대표 최 현 종

01

최현종과 스포츠스태킹

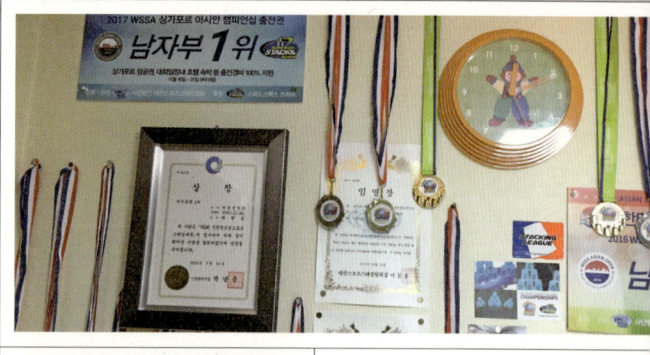
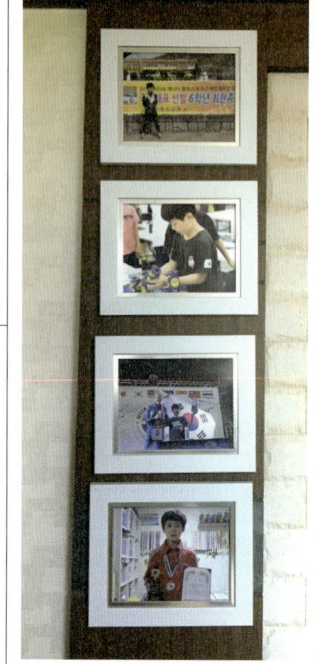

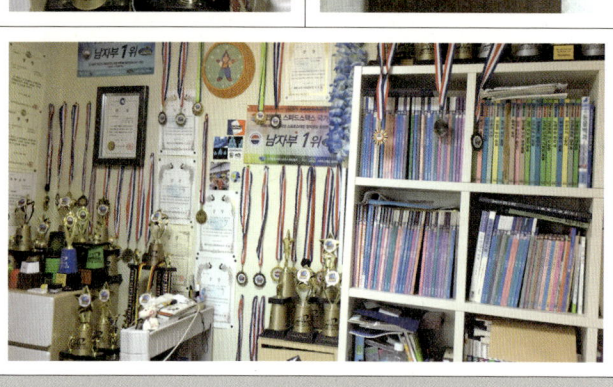

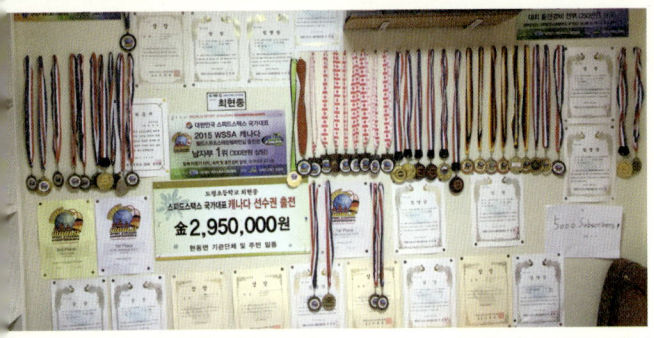

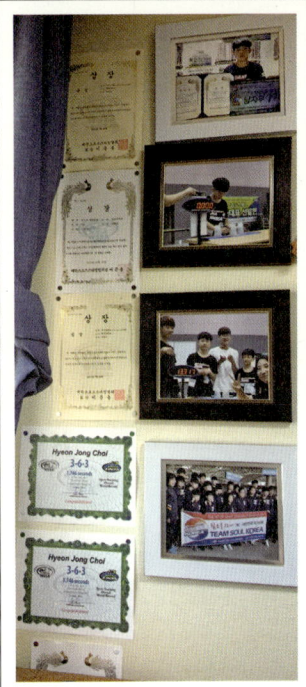

상장 54개, 메달 98개, 트로피 36개. 상장과 메달 하나에서 시작한 방 안에 지금은 벽면이 모자라 천정까지 상장이 점령했다. 성공을 위한 1만 시간의 노력은 결과로 나타났다. 1만 시간의 법칙은 한 분야의 전문가가 되려면 1만 시간의 노력이 필요하다는 법칙이다. 보통 하루 3시간씩 10년 하면 1만 시간인데, 현종이는 두 배 이상의 성실함으로 스태킹을 시작한 지 6년이 지난 지금 1만 시간을 훌쩍 뛰어넘었고, 모두가 인정하는 세계적인 스태커로 성장했다.

최현종처럼 | 27

"스포츠스태킹을 잘하려면 연습이 가장 중요해요.
그리고 잘하는 스태커를 따라 하면서
자신에게 맞는 자세와 방법을 찾아보세요."

최현종

반가워요, 소개 좀 부탁드릴게요.

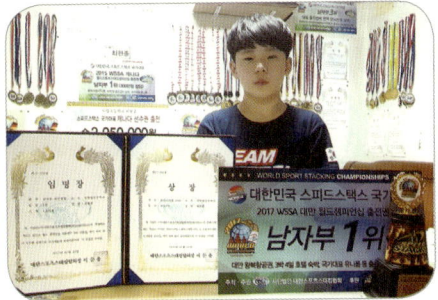

 경상북도 청송군 현동중학교 3학년에 재학 중인 최현종입니다.^^

01

 최현종

가족은 어떻게 되나요?

 아버지, 어머니, 세종이 형, 동생 하은이, 그리고 저 이렇게 다섯이에요.

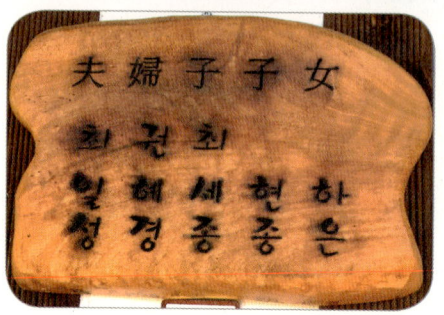

스포츠스태킹은 언제부터 시작했어요?

 초등학교 3학년 때, 컵쌓기를 알고 있었는데 2012년 11월, SBS <스타킹>에 스포츠스태킹 국가대표 강희준 선수가 나온 걸 보고 본격적으로 시작했어요. 너무 신기했고, 처음에는 종이컵으로 시작했어요.

최현종

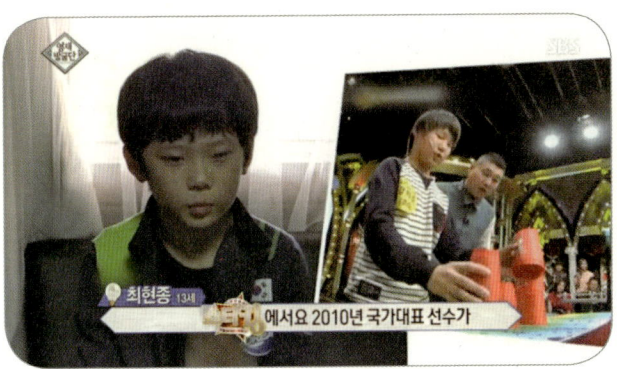

하루에 연습은 얼마나 하나요?

 요즘에 보통 2시간에서 많으면 4시간 정도 연습하는데, 초반에는 10시간 정도 했어요. 오늘은 '잘 되는지, 아닌지'를 살펴보면서 기본 1시간을 연습해요. 잘 되면 계속해서 10시간 쉬지 않고 연습하는데, 쉰다고 해도 1~2분 정도에요.

최현종

10시간? 어떻게 10시간이나 연습해요?

 기록이 잘 안 나오거나 자꾸 실수하게 되면, '왜 그런지'를 생각하면서 이유를 찾아봐요, 포기하지 않고. 동작이나 자세, 매트 각도를 바꿔가면서 찾아봐요. 찾으면 또 10시간 정도 연습해요.

이유를 찾아본다?

 네, 안 되는 이유를 찾기 위해 "생각하고, 생각하고, 또 생각해요" 그러면 방법을 찾게 돼요.

홈   최현종

말이 10시간이지, 쉽지 않을 텐데요...

 지칠 때는 목만 풀고, 물을 마셔요. 느낌이 좋고, 신기록에 가까운 기록이 나온다고 해도 계속하면 안 돼요. 잠깐 멈추고 물을 마셔줘야 해요. 물을 마시면 몸이 원래대로 돌아오는 것 같고, 잘 되더라고요. 물이 진짜 중요해요.

물이요? 물이라니 의외네요.

 쉬지 않고 계속하다 보면 손이 굳어지는 느낌이 와요. 그때 잠깐 쉬면서 물을 마셨는데, 몸이 다시 풀리면서 편해지더라고요. 그때부터 물을 마시게 되었어요. 음료수를 마신 적도 있었지만, 물이 제일 좋았어요.

01

 최현종

음료수보다 물을 많이 마셔봐야겠네요.

 물은 꼭 마셔줘야 해요. 우리 몸의 70%가 수분으로 이루어져 있잖아요. 그중에 1%가 손실되면 갈증을 느끼고, 3~4%가 없어지면 운동능력이 떨어지면서 구토를 할 수 있데요. 심지어 10% 이상 빠지면 혼수상태나 죽을 수도 있다고 하니 그만큼 우리 몸에 물이 엄청 중요한 거죠.

최현종

> 체력 관리는 어떻게 하나요?

 규칙적인 휴식이 필요해요.
무조건 연습한다고 좋은 기록이 나오는 건 아니거든요. 밥 먹을 때 밥 먹고, 쉴 때 쉬면서 연습하는 게 중요해요.

> 슬럼프가 있었나요?

 저는 슬럼프가 뜬금없이 와요. 실수가 잦아지거나, 손이 생각보다 빠르지 않다고 느껴지면서 뭔가 답답하면 그때가 슬럼프에요. 가끔 상을 받았던 사진을 보면서
다시 기운을 내서 연습에 집중해봅니다.
매 순간순간 슬럼프가 오는 것 같아요.
다른 스태커들에게 "슬럼프가 오면 어떻게 하냐?"고 물어봤더니, "그날은 컵을 포기한다."고 하더라고요. 그건 잘못된 생각이에요. "저는 이유를 찾아봐요. 못 찾으면 잠을 안 자요. 슬럼프를 극복하려고 계속 찾아봐요. 그래야 기록이 잘 나올 수 있어요."

01

 최현종

부모님의 반대는 없었나요?

 어머니는 처음에 반대하셨지만,
"현종아 그만하라"고 말하는 정도였어요.
얼마 전에 "진짜로 어떠셨느냐?"고 물어봤더니
"많이 힘들었다."고 하시더라고요.
어머니가 힘들어하시는 줄은 꿈에도 몰랐어요.
컵 사달라고 많이 졸랐었는데…
많이 죄송했어요.

아버지는요?

아버지는 처음에
"스포츠스태킹이 유명하지도 않고, 시끄럽고, 그렇다고 돈이 되는 것도 아니지 않으냐"고 하시면서 반대가 심했어요.
하지만 지금은 가장 든든한 후원자가 되셨어요.
아버지의 도움이 없었다면
제가 여기까지 올 수 없었을 거예요.

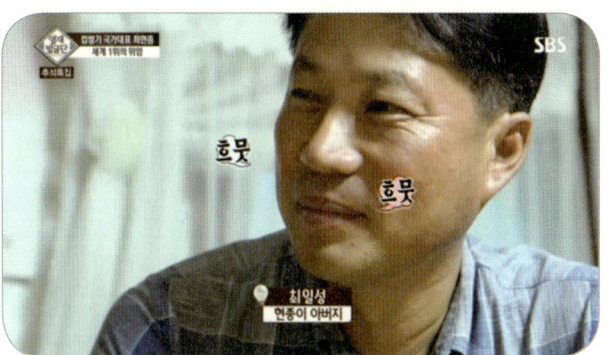

> 문제점을 못 찾을 때도 있지 않았나요?

> 많지는 않지만, 있었어요.
> 그때는 '오늘이 몸이 안 좋아서 진짜 안 되는구나'라고 생각하며 스태킹 영상을 많이 찾아봐요.
> 잘하는 스태커들의 자세를 유심히 보면서
> '나중에 해봐야겠다.'고 생각하고 대회에서 해봐요.
> 그걸 기억해야 해요.
> "매트 각도와 자세를 기억하려고 해요."

01

 홈 최현종

자세를 기억한다?

 대회 때는 확실히 생각을 많이 해요.
대회다 보니 긴장해서 실수할 때가 많아요.
실수를 안 하고 기록이 좋아도 자세가 불편할 때가 있어요.
그럴 때는 자세를 확 바꿔야 해요.
다른 사람이 봤을 때, 오버한다고 볼 수도 있지만, 절대 오버가 아니에요.

> 자세를 바꾸는 게 도움이 되는군요?

> 대회 때는 확실히 생각을 많이 해요.
> 대회다 보니 긴장해서 실수할 때가 많아요.
> 실수를 안 하고 기록이 좋아도 자세가 불편할 때가 있어요.
> 그럴 때는 자세를 확 바꿔야 해요.
> 다른 사람이 봤을 때, 오버한다고 볼 수도 있지만, 절대 오버가 아니에요.

홈 　　　　　최현종 > 　　　　　

다른 스태커에게 얘기해 준 적이 있나요?

 그걸 아는 사람은 없는 것 같아요.
알려주고 싶지만, 이상하게 생각할 수도 있고,
이해해줄 것 같은 애들에게 알려줬지만
어려워하더라고요.

아무래도 자신이 해오던 방식이 있어서
자세를 바꾸기 쉽지 않을 거예요.

 연습을 많이 한 후에 해야 해요.
나 같은 방식에 적응하려면 충분한 연습이
필요해요.
이왕이면 잘못된 자세가 습관으로 굳어지기
전에 올바른 방법을 찾아 익히는 게 좋아요.
그러려면 여러 가지 방법으로 시도해보는 게
중요하죠.

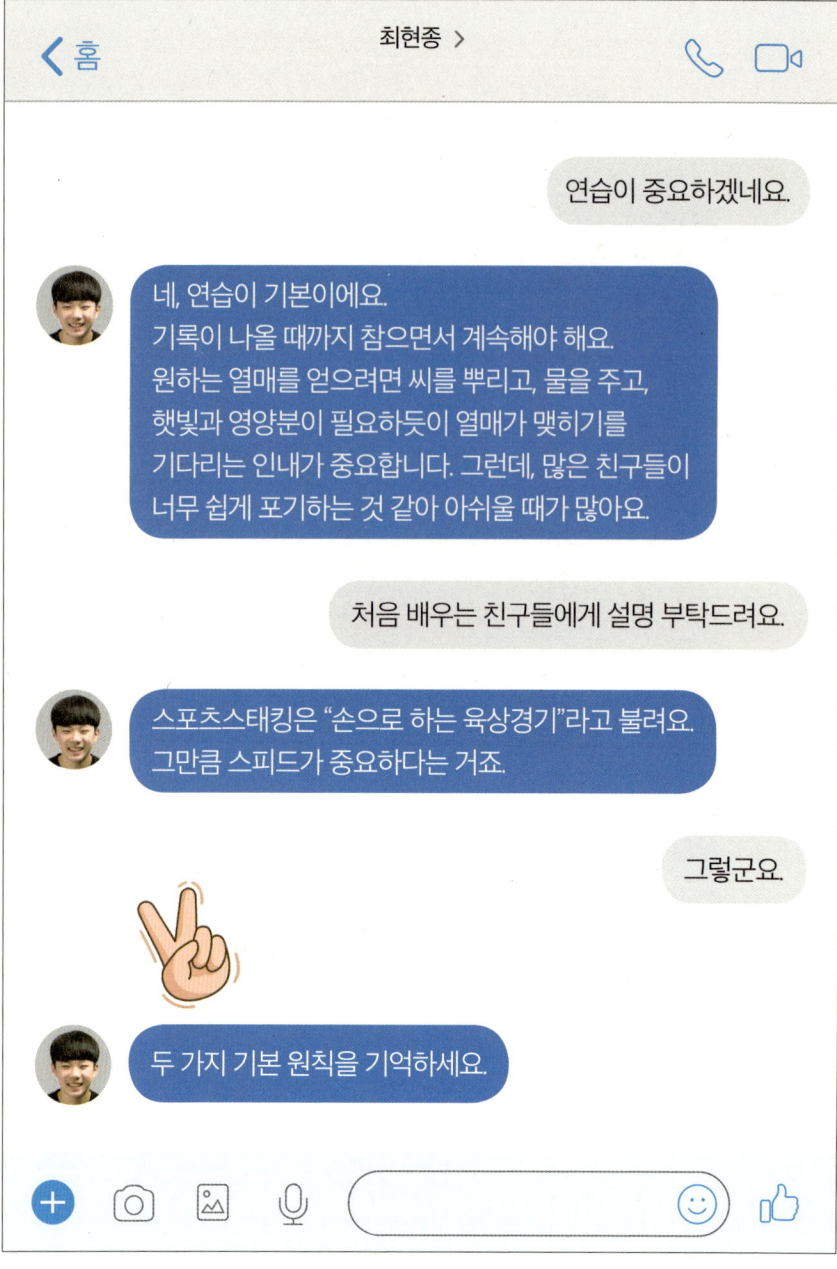

최현종

첫째, 양손을 사용해야 해요.
스포츠스태킹은 순발력과 집중력을 기르는 데 도움을 줘요. 그러려면 두 손을 써야 좌뇌와 우뇌가 같이 발달할 수 있어요.
둘째, 위로 쌓는 걸 '업 스태킹(Up stacking)'이라고 하고, 내리는 걸 '다운 스태킹(Down stacking)'이라고 해요.

업 스태킹을 왼쪽부터 했다면,
다운 스태킹도 왼쪽부터 해야 해요.
왼쪽, 오른쪽은 본인이 편한 쪽으로 하면 돼요.
이 두 가지를 명심하세요.

스포츠스태킹 종목도 다양하던데요.

스포츠스태킹에는 개인종목과 단체종목이 있어요.
개인종목에 3-3-3, 3-6-3, 사이클 세 가지,
단체종목에 사이클 더블, 363팀시간릴레이,
팀대항릴레이 모두 합해서 6종목이에요.

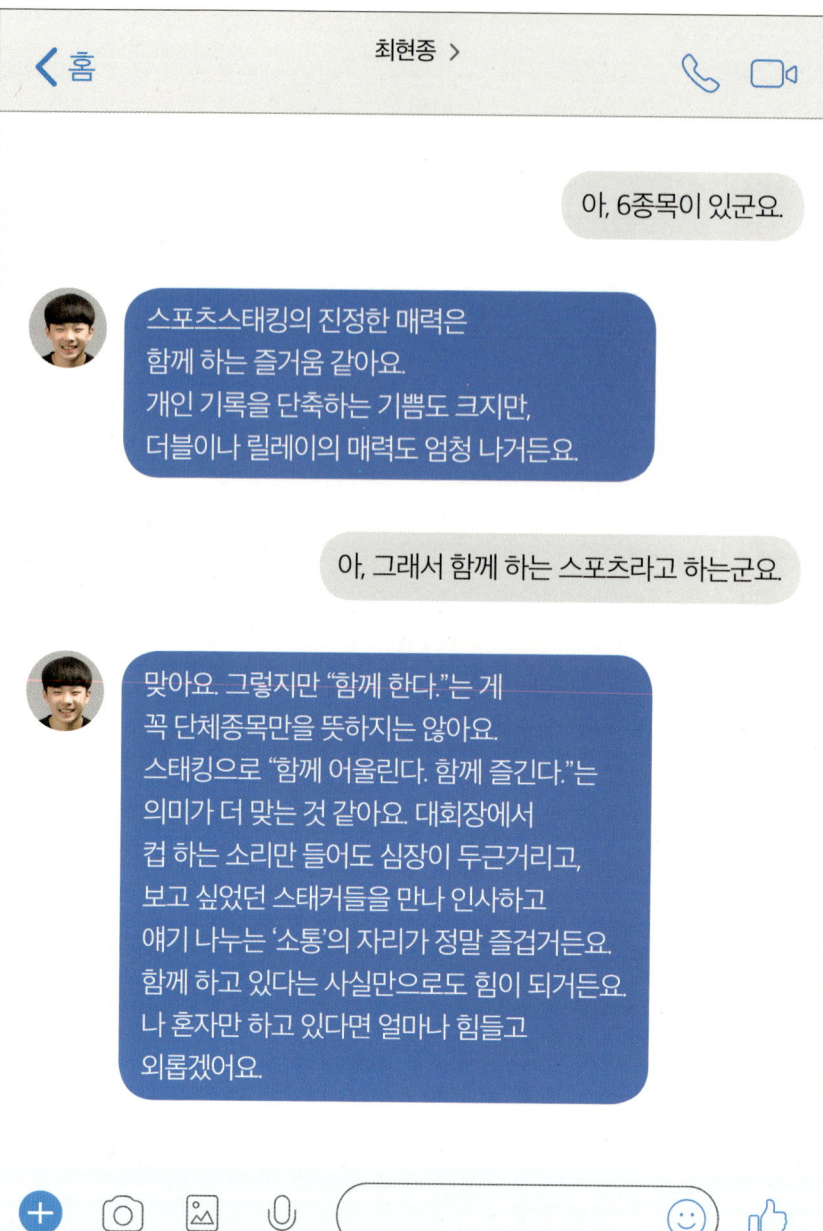

> 그래도 기록경기라서 개인 기록이 중요하지 않을까요?

> 맞아요. 스포츠스태킹은 개인 역량을 바탕으로 한 팀 스포츠에요. 그래서 개인의 실력을 기르는 게 중요해요. 그만큼 연습을 해야겠죠.
> 매일매일 일정 시간을 꾸준하게 하는 게 좋아요. 연습용 달력을 만들어서 하는 것도 좋아요.
> 기록을 보면 어느 정도 연습했는지 다 보이거든요.
> 스포츠스태킹은 절대 거짓이 없어요.

01

 최현종

'스태킹달력' 어떻게 활용하면 좋을까요?

 간단해요. 목표를 정하고, 그 목표를 달성할 때까지 연습하는 거예요. 예를 들어, '3-3-3, 2초'라는 목표를 세웠으면, 달력에 시작한 날짜와 연습한 시간을 적은 다음 목표를 달성할 때까지 연습하는 거예요. 이때 자신의 동작과 자세를 꼭 살펴봐야 하는데, 성공했을 때의 자세를 기억하는 게 중요해요.

스포츠스태킹은 노력한 만큼 결과가 나오겠군요.

 맞아요. 스포츠스태킹은 등산처럼 노력한 만큼 결과가 나온다고 할 수 있어요.
정직한 스포츠라고 할 수 있죠.

최현종 >

현재 사이클 최고 기록은 몇 초인가요?

 현재 세계기록은 2017년 1월 7일에 윌리엄 오렐 선수가 세운 4.813초가 공식기록이에요. 비공식 기록으로 오렐 선수나 저도 4.5초대예요. 이미 1년 전에 나왔어요. 공식 대회에서 누가 먼저 4.5초를 기록하느냐만 남았죠.

사이클 몇 초까지 단축할 수 있을까요?

 4.3초대가 마지노선이라고 봐요. "4.3**" 오렐 선수도 얘기했었는데, 나이가 들면 손이 안 따라 줘요.
갈수록 기록이 떨어질 수밖에 없다는 거죠. 그래도 하는 데까지 노력은 해보려고 해요.
그런 게 스포츠스태킹의 매력이니까요.

01

 최현종

현종군은 꿈이 뭐에요?

 스포츠스태킹 지도자가 되고 싶어요.
코치도 하면서 심판도 하고.
기회가 된다면 미국 협회에서 일해보고 싶어요.

현종 군의 꿈을 응원할게요.~^^

02
스타킹과 종이컵

초등학교 3학년 때, TV에서 우연히 본 '컵 쌓기'는
세상을 향한 가슴 뛰는 도전이었습니다.
2년 동안 인내하면서 연습에 매진한 결과,
기대한 것보다 훨씬 큰 성과를 거둘 수 있었습니다.
그 경험을 여러분과 나누려고 합니다.

방송을 보고 어머니에게 "종이컵 있어요?"라고 물어봐서 종이컵을 가져다 따라 해보기 시작했다. 컵이면 다 같은 줄 알았다. 종이컵으로 방송에서 봤던 걸 떠올리며 쌓고 내리기를 반복했다.

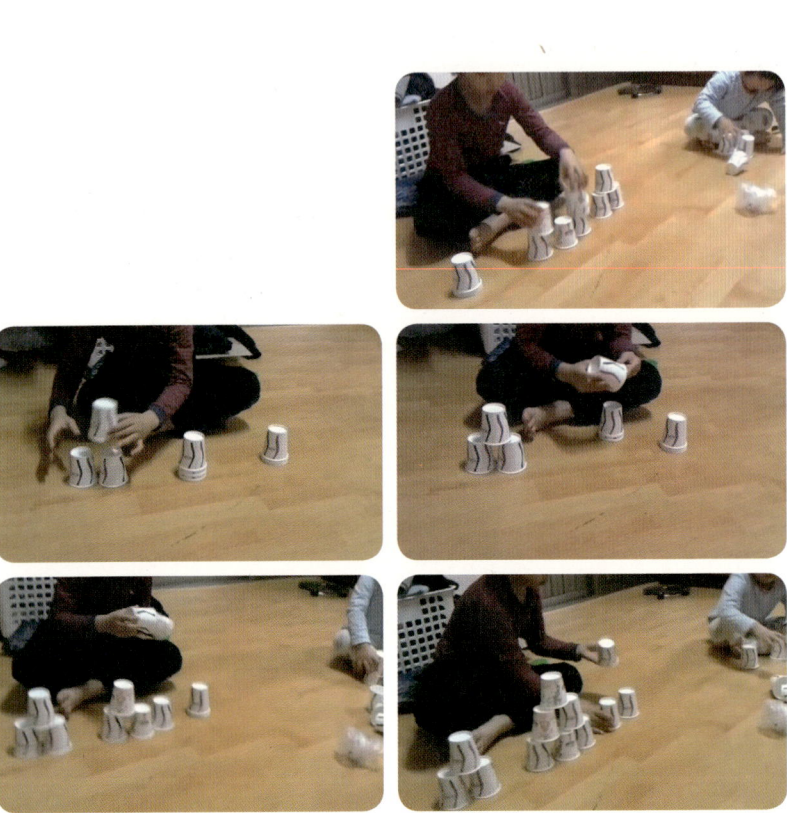

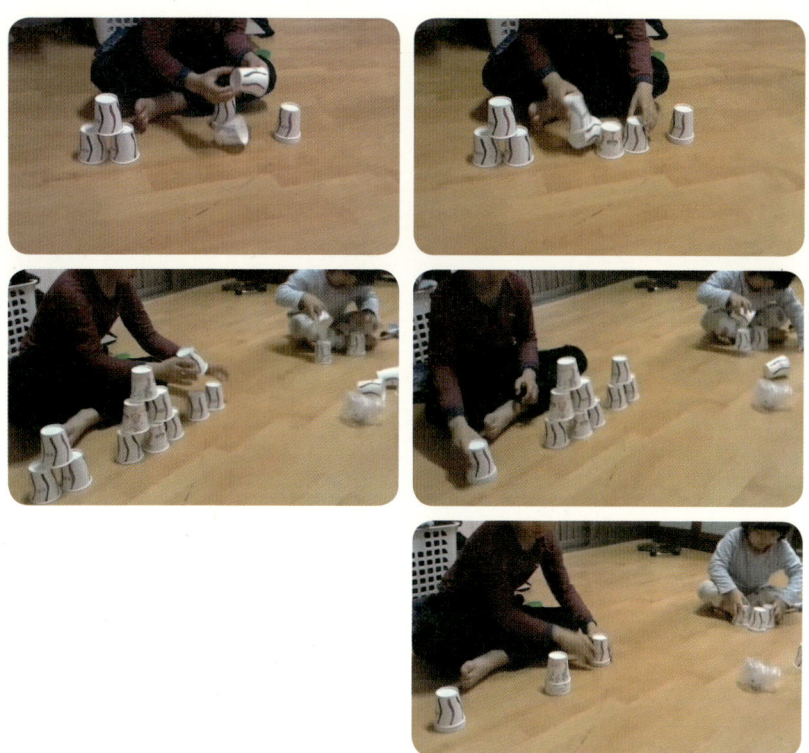

　쌓는 것보다는 내릴 때 '스르륵' 겹쳐지면서 포개지는 느낌이 신기하고 재미있었다. 뭔가 손에 착착 감기는 것 같은, 아무래도 나와 잘 맞는다는 느낌에 멈출 수가 없었다. 4살이었던 동생 하은이도 재미있다며 옆에서 열심히 따라 했다.

02

▶ 출처 : SBS <놀라운 대회 스타킹>

<스타킹>을 보고 '스태킹'을 시작했다. 우연히 보게 된 TV 방송이 지금의 세계챔피언을 만들어주었다고 해도 과언이 아니다. 2012년 11월 17일, 보통의 토요일과 같은 따분한 주말 저녁이었다. 7시가 좀 안 된 시간, 세종이 형이랑 거실에서 TV 리모컨으로 채널을 이리저리 돌리다 우연히 SBS <놀라운 대회 스타킹>을 보게 되었다. MC 강호동이 '스타킹'을 떠났다 다시 복귀한 두 번째 녹화여서 그런지 함께 출연한 연예인들과 앞으로 더 열심히 하겠다는 얘기를 나누는 분위기가 떠들썩했다. 방

송을 보고서야 MC 강호동이 방송을 쉬었다 복귀한 두 번째 방송이라는 걸 알았다.

"우연히 TV에서 컵 쌓기를 봤는데, 진짜 신기했어요."

종이컵이라 며칠이면 찌그러져서 바꿔야 했으나 문제 될 게 없었다. 문제는 쌓고 내리는 방법이었다. 3-3-3은 쉽게 따라 했지만, 사이클이 문제였다. 특히 1-10-1에서 3-6-3으로 돌아오는 다운 스택은 아무리 해도 방법을 찾을 수 없었다. 혹시나 하는 생각에 유튜브에 '컵 쌓기'를 검색했더니 생각보다 많은 동영상이 올라와 있어서 놀랐다. 그렇지만 워낙 빠른 동작에 방법을 찾는 건 쉽지 않았다. 그렇게 한 달 정도를 매달려 드디어 방법을 찾았을 때, 진짜 미칠 듯이 기뻤다. 마치 사이클 스택을 발명이라도 한 것처럼.

▶ YouTube KR	컵쌓기	🔍

02

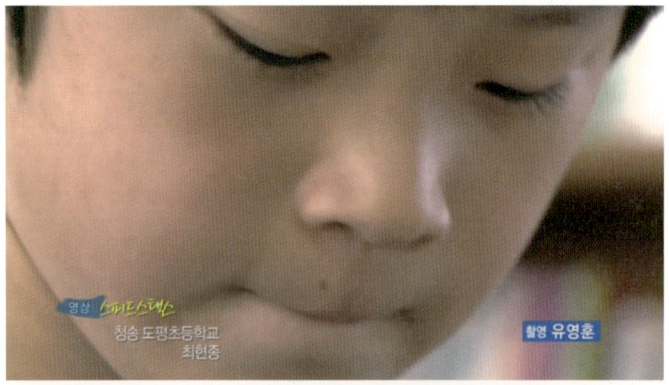

▶ 출처 : <CJ헬로티비뉴스>

두 달쯤 지나고서야 컵 윗부분에 구멍이 뚫린 사실을 알고 종이컵에 구멍을 뚫었다. 젓가락으로 뚫어보고, 칼로 십자 모양으로 잘라보기도 하고, 여러 가지 방법으로 구멍을 뚫었다. 그런데 구멍이 없을 때와는 확실히 달랐다. 쉽게 빠지고, 공기가 빠져나가는 기분도 손으로 느껴지는, 뭔가가 있었다.

조금 능숙해지자 친구들에게 보여주고 싶었다. 학교에 종이컵을 가져가서 컵 쌓기를 보여주니 "뭐하냐? 나도 해보고 싶다."면서 관심을 보이는 친구들이 있었다. 특히 시옷으로 쓸어내리는 모습에 신기해하는 친구들이 많았다. 설명해주고 같이 연습하다 보니 혼자 할 때와는 다른 재미가 있었다. 그때부터 스태킹의 매력을 조금씩 느꼈던 것 같다. 또 그렇게 넉 달을 연습했다.

"믿기 어렵겠지만, 6~7개월을 종이컵으로 연습했어요."

그런 모습이 안쓰러우셨는지 어머니가 "스피드 컵을 하나 사줄까?"라고 물으셨는데, 정말 감사했다. 내 생애 첫 컵을 갖게 된 날, 밤새는 줄 모르고 컵을 하다가 껴안고 잠이 들었다. 그날 꿈속에서 난 온종일 컵을 갖고 놀았다. 이후로도 꿈속 스태킹은 몇 번 더 계속되었다.

02

영상 스피드스택스
청송 도평초등학교
최현종

촬영 유영훈

영상 스피드스택스
청송 도평초등학교
최현종

촬영 유영훈

이때까지도 마룻바닥에서 스태킹을 했다. 일어서서 테이블에 컵을 놓고 한다는 걸 몰랐다. 자세가 어정쩡해서 실수도 잦았지만, 그래도 재미있었다. 동영상을 검색하면서 외국인이 선보이는 '프리스타일'이라는 걸 처음 보고 깜짝 놀랐다. 다양한 동작은 물론이고 미끄러지듯 떨어지는 컵들, 눈 깜짝할 사이에 포개졌다 다시 쌓이는 모습은 신기할 뿐이었다.

그런데 유심히 보니 프리스타일을 하는 외국인이 일어선 자세로 테이블에 컵을 놓고 하는 것이 아닌가. 그동안 바닥에 앉아서만 하던 나를 드디어 일어서게 했다. 아직 키가 작아 식탁의 높이가 부담스럽기는 했지만, 식탁에 컵을 놓고 해보니 바닥에서 할 때보다 안정적이고 손놀림도 훨씬 빨라졌다. 그때 '아, 좀 더 하면 뭔가 되겠는데.' 하는 느낌이 왔던 것 같다.

<스타킹>을 본 후 동영상 사이트에서 '컵 쌓기'를 검색하였고, 그다음이 '국가대표'였는데 정말 많은 영상이 올라가 있는 걸 보고 깜짝 놀랐다. 스태킹에 나왔던 희준이 형이나 원택이 형뿐만 아니라, 양승민, 임창학, 정지용, 김민재, 이준수, 김민성 등 국가대표의 스태킹 영상은 훌륭한 연습 교재가 되었다. 특히 당시 봉담중학교 1학년인 김민재 스태커가 세운 사이클 7초69의 기록은 대단했다.

02

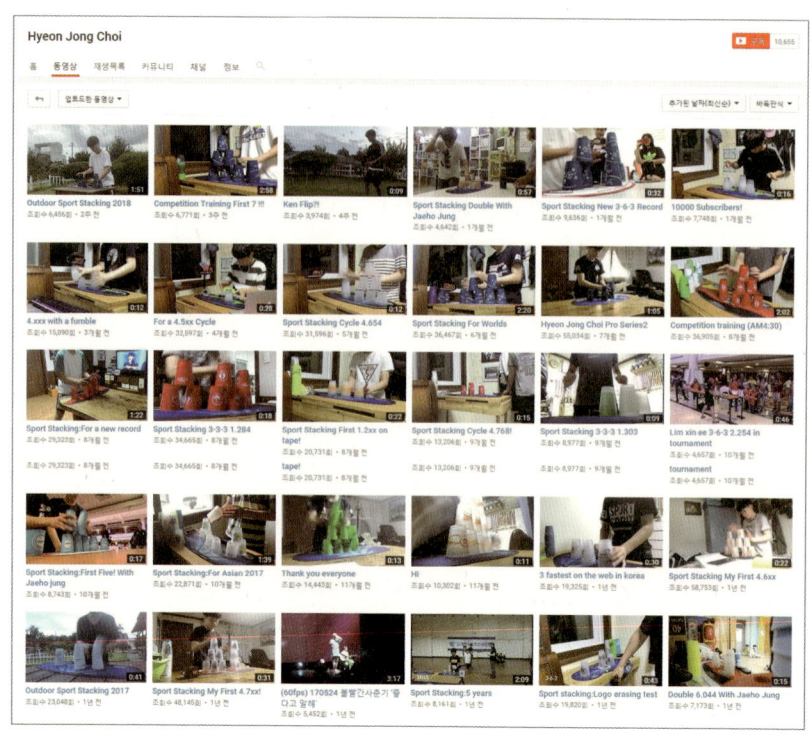

▶ 최현종 유튜브 채널

　대부분의 국가대표가 9초대의 기록이었던 점이나, 사이클 방법을 막 터득하여 연습하던 나로서는 경이로운 숫자였다. 그때부터 대회에 나가고 싶은 마음이 생겼다. 대회에 나가 메달도 따고, 국가대표가 되고 싶었다. 그래서 진짜 미친 듯이 연습했다.

그전에도 연습에 많은 시간을 들였지만, 목표를 세우고 본격적으로 연습하기 시작한 건 '국가대표' 영상을 본 다음부터였다. 초등학생이나 중학생인 국가대표 선수들의 모습은 부러움의 대상이면서 '나의 재능을 찾을 수 있겠다.'는 꿈을 심어주었다.

"동영상 사이트는 나와 세상을 연결해준 커뮤니티"

동영상 사이트는 스태킹을 하면서 많은 사람을 만날 수 있는 공간이었다. 때로는 기록을 다투는 치열한 경쟁의 대회장이 되기도 하였지만, 서로를 격려하고 정보를 나누는 소통의 창구였다.

직접 만나지는 못했지만, 함께 할 수 있는 '커뮤니티'가 있어서 스태킹을 계속할 수 있었다. 관심사가 같다는 공동체 의식이랄까 말로 설명하기 힘든 '끈끈한 무언가'가 있었다.

커뮤니티에서 아는 사람들이 조금씩 늘어나고, 연습에 푹 빠져 시간 가는 줄 모르고 스태킹을 한창 즐겼다. 사실 즐기는 것도 아니고 재미있는 것도 아닌 '빠져' 지냈다. 10살, 보통의 초등학교 3학년이 한 가지에 빠져서 2년 동안 열중한다는 게 쉽지는 않은 일이다. 연습하고 또 연습하면서 실력을 쌓았다. 지금의 나를 있게 한 바로 그 습관은 그때부터 시작이었다.

02

"꾸준한 연습과 규칙적인 휴식이 중요해요."

꾸준한 연습만큼 '쉼'이 중요하다. 밥도 굶고, 화장실도 안 가면서 컵만 했었다. 잠깐 쉬는 것조차 시간이 아까웠다. 그런다고 기록이 확 좋아지거나 만족스러운 결과가 나오는 건 아니었다. 컵을 할 수 있다는 자체만으로 만족하던 때라 다른 생각을 하지 못했다.

　　지금은 깨달았다. 즐기면서 하라는 말은 '스스로 조절할 수 있다'는 뜻이란 걸. 3-3-3을 1시간 하기로 했다면, 실제 효과는 1시간 1초부터 나온다. 그때부터는 진짜 집중이 필요하다. 집중해서 자신의 한계를 넘어야 원하는 결과를 얻을 수 있다. 그건 분명하다.

스포츠스태킹의 역사

세계스포츠스태킹협회(WSSA)는 전 세계 스포츠스태킹을 홍보하기 관리하기 위해 2001년에 설립되었습니다. 협회는 원래 WCSA(World Cup Stacking Association)라고 명명되었다가 스포츠로 간주한다는 인식이 높아짐에 따라 2005년에 현재의 WSSA로 변경되었습니다. 이 때문에 '컵 쌓기'라는 이름으로 알려지게 되었습니다.

스포츠스태킹은 1980년 초 미국 캘리포니아 남부에서 시작되어 1990년 조니 카슨(Johnny Carson) "투나잇 쇼(Tonight Show)"에 나오면서 주목을 받기 시작했고, 당시 콜로라도 초등학교 체육 교사였던 밥 팍스(Bob Fox)의 상상력을 사로잡았습니다.

스포츠스태킹 관련 물품을 공급하기 위해 설립한 스피드스택스의 창업자인 밥 팍스는 "1995년에 스포츠스태킹을 열정적으로 보급할 때, 많은 사람이 '스포츠를 쌓는다고?'라며 의아하게 생각했다"면서 "스포츠스태킹을 설명하는 효과적인 방법은 직접 보여주는 것"이라고 설명했습니다. 이후 스포츠스태킹을 즐기는 사람들은 날마다 늘어나기 시작했습니다.

스포츠스태킹을 미국 전역으로 퍼져나가던 1998년에 밥 팍스는 텍사스에 스포츠스태킹을 소개해달라는 요청을 받았습니다. 큰 호응을 얻은 밥은 스포츠스태킹을 홍보하고 체육 교사를 지원할 수 있는 자원이 될 수 있도록 소규모 홈 비즈니스 형태로 스피드스택스를 설립하였습니다.

• 출처 : www.speedstacks.com

03

스태킹으로 스타킹에?

▶ 출처 : SBS <놀라운 대회 스타킹>

    2012년 11월 17일, 그날은 '키즈 스타킹'이라는 타이틀로 마련된 어린이 특집 방송이었다. 첫 출연자로 '컴퓨터 두뇌 9세 암산왕' 박영익 군이 나와 놀라운 암산 실력을 뽐냈고, 이어 홍콩에서 온 '6세 최연소 천재 피아니스트' 리청충이 엄청난 연주 실력으로 무대 분위기를 압도하며 기립박수를 받았다. 하지만 나에게는 마지막에 '스피드 신동'으로 소개된 당시 초등학교 6학년 13살의 '강희준' 스태커의 모습이 단연 최고였다. 희준이 형의 스태킹 시범을 보는 순간 몸이 굳어버릴 만큼 충격적이었다. 컵 쌓는 모습은 앞에 두 명의 기억을 지워버릴 정도로 강력했다.

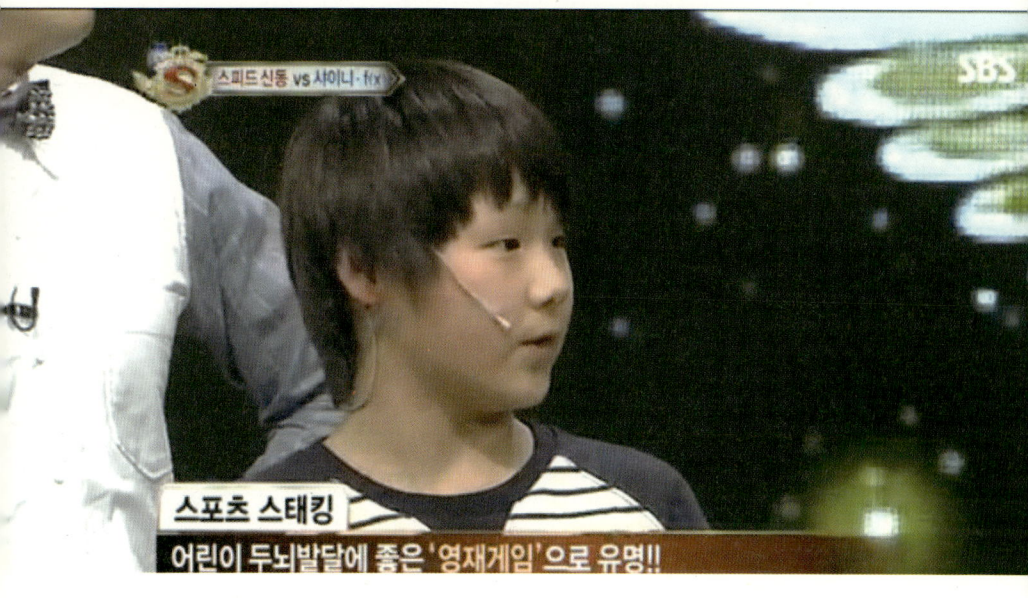

"스포츠스태킹, 두뇌발달에 좋은 '영재게임'으로 유명"

　방송에서 "스포츠스태킹은 집중력과 순발력을 키우는데 탁월한 효과가 있고, 양손 사용능력이 향상되고, 좌뇌와 우뇌가 활성화된다."고 설명하며 MC 붐은 강호동의 머리를 쓰다듬었다. 특히 붐이 "성적이 쭉 올라간다."며 강호동의 머리를 위로 쭈~욱 들어 올리는 장면에서는 같이 보던 형과 동시에 웃음이 터졌다.

03

▶ 출처 : SBS <놀라운 대회 스타킹>

TV에서 양손으로 컵을 섞는 모습을 선보이거나 빠른 속도로 정리하는 장면에 한순간도 눈을 뗄 수가 없었다. 뭔가에 홀린 것처럼 빠져들었다. 특히, 카메라를 보거나 MC들과 장난치면서 말하는 모습은 방송 출연이 익숙한 듯 여유로워 보였다. 초등학생이었지만, 국가대표여서 그런지 매우 프로다웠다.

　사이클 더블 스택도 소개되었다. 더블 스택 시범을 보이기 위해 나온 스태커는 충청북도 영동초등학교 5학년 임원택이었다. 더블 시범에 앞서 개인전 사이클 시범을 했는데, 원택이 형이 7.78로 9.86을 한 희준이 형을 앞질렀다. 방송에서는 "2등의 반란 1등을 꺾다!"는 자막이 나왔고, 원택이 형은 "아빠, 저 이겼어요!"라며 실제 대회에서 우승한 것처럼 기쁨을 표현해 관중들의 웃음을 자아냈다.

03

"스타킹에 출연해주실 수 있나요?"

'스타킹'에 숨겨진 사연이 하나 있다. 2016년 6월 말쯤, '스타킹'의 작가가 연락을 해왔다. 방송에 출연해달라면서. 사실 1년 전에도 '스타킹' 출연 요청이 있었는데, 출연자와 내용 조율이 안 되어 무산되었었다. 그런데 지금의 나를 만든 방송에 출연해달라는 전화가 또 왔다. 방송 출연 일정과 출연자 섭외 등 준비가 순조롭게 이어졌다. 이번에는 내가 원하는 대로 다 해도 좋다는 승낙도 받았다. 방송사의 전화만 기다리고 있었다. 그런데 인연은 거기까지였을까. 전혀 예상하지 못한 복병을 만났다. 터무니없게도 '프로그램 폐지'라는 얘기가 나왔고, 결국 방송에 나가지 못했다.

'스타킹'으로 시작해 '스태킹'의 챔피언이 된 내가 다시 '스타킹'에 나온다는 스토리. 얼마나 극적인가. 아쉽게도 나의 드라마는 이뤄지지 않았다. 그렇지만 실망하지는 않는다. 오히려 그런 뒷이야기가 나의 얘기를 더욱 풍성하게 만들어주고, 얘기해줄 게 하나 더 생겼다는 마음에 뿌듯하니까. 스타킹에서 보여주지 못한 나의 이야기를 하나하나 풀어놓을 기회가 마련되어서 다행이다. 게다가 아직도 진행형이라며, 앞으로 더 나아질 것이라는 기대감이 마음을 설레게 한다.

04

첫 대회, 첫 우승

스포츠스태킹 대회장은 거대한 소통의 축제장이다.
물론 치열한 기록 경쟁이 있다. 하지만,

함께 즐길 수 있는 건
단순한 컵쌓기가 아니라 '긍정'을 쌓기 때문이다.

04

▶ 출처 : (사)대한스포츠스태킹협회

　사실 스태킹 대회가 있었는지도 몰랐다. 동영상을 보며 연습하다 보니 다른 스태커들과 친하게 지냈고, 스태커 커뮤니티도 알게 되었다. 몇몇 스태커들이 나의 기록을 보고 "넌 실력이 되니 대회에 나가 봐라."며 응원해주었고, '정말 가능할까? 좋은 성적이 나올까?'라는 궁금증이 생겼다.

▶ 2014-2015 시즌 스피드스택스 대구·경북 지역예선전

대회에 나가보라는 얘기를 듣고 출전하고 싶은 마음이 없는 건 아니었다. 그렇지만 만족할 만한 기록이 나오기 전까지 대회에 나갈 수는 없었다. 실력을 쌓으면서 '때'를 기다렸다. '실력을 키워야 대회에 나갈 자격이 있다.'고 생각했다. 그렇게 스태킹을 시작한 지 2년이 지난 어느 날, 대구지역예선전이 있다는 얘기를 듣고, 접수했다. 접수했다는 자체만으로도 흥분되고 좋았다.

04

청송 집에서 대구 대회장까지는 2시간 정도의 거리. 아버지가 데려다 주시면서 "너무 긴장하지 말고 연습했던 대로 최선을 다해서 해보라."고 격려해주셨다. 반대하시던 아버지였는데, 처음 대회에 나가는 내가 걱정되셨나 보다. 긴장되거나 떨리기보다는 다른 스태커들을 만날 수 있고, 못 보던 컵도 보고, 상을 받을 것 같은 생각에 기분이 설레었다. 마치 소풍 가는 기분이었다.

차에서 내려 대구 엑스코 앞에 섰을 때, 온통 유리로 덮인 건물이 마치 커다란 헬리콥터 같았다. 널따란 로비를 순식간에 지나 1층 대회장으로 들어섰다. 빨리 기록을 재보고 싶고, 실력을 보여주고 싶었다. 오직 그 생각뿐이었다. 운영본부를 찾아 개인 기록지와 이름표를 받았다. '만10세, 도평초 최현종' 5학년 우리나라 나이로 12살이었지만, 생일이 지나지 않아 만10세였다. 가슴에 이름표를 붙이고 연습 테이블에 자리를 잡았다.

"점심 먹고, 천천히 하자."는 아버지의 말은 대회장 여기저기 컵 하는 소리에 묻혀 들리지 않았다. 밥도 안 먹고, 화장실도 안 가고, 컵만 했다. 컵을 할 수 있어서 행복하다는 생각밖에 없었다. 대회장은 동영상 사이트에서 봐왔던 분위기와는 전혀 달랐다. 개인들의 경기장면 위주로 나오는 동영상만 보니 대회장 상황을 느끼기에 한계가 있었다. 많은 스태커가 컵 하는 동작을 살펴보는 것만으로도 대회에 참가한 기분을 실감할 수 있었다.

  사회자가 마이크로 안내 방송을 하고, 신나는 음악이 분위기를 돋우고, 연습용 테이블마다 스태커들의 컵 하는 소리가 울리고, 이 모든 상황에 내 심장은 마치 불꽃놀이처럼 '펑펑' 소리를 내며 터질 듯 뛰었다. 흥분을 감출 수 없었고, 결과와 상관없이 '즐길 수 있겠다.'는 생각이 들었다. 긴장을 전혀 안 했다. 긴장이라는 걸 모를 정도로 즐길 생각밖에 없었다. 메달을 따야 한다는 생각이 없었던 건지 아니면 우승할 거라는 확신이 있어서 그랬는지 마음이 편했다. 그래서였을까, 결과는 기대 이상이었다.

2014-2015시즌 스피드스택스 대구경북지역예선전

2014.09.21

개인 종목 [종합] 순위

개인 종목 [종합] 순위에 따라 각 연령별 및 성별 1 2 3위, 더블 1 2위, 팀 릴레이 1위는 2015 월드챔피언십 국가대표 선발전 출전권이 부여됩니다(타지역선수포함).

순위		이름	AGE DIVISION	소속	3-3-3	3-6-3	사이클	개인종합
남자부	1위	최현종	만 9-10세	도평초등학교	1.659	2.539	6.570	10.768
	2위	정명환	만 11-12세	월암초등학교	2.939	2.569	9.783	15.291
	3위	유수현	만 11-12세	경무태권도인성교육관	2.458	4.045	9.566	16.069
여자부	1위	김영서	만 11-12세	동호초등학교	2.268	2.506	7.911	12.685
	2위	최유빈	만 9-10세	성산초등학교	2.031	2.981	7.679	12.691
	3위	배지현	만 9-10세	화남초등학교	2.533	5.205	9.872	17.610

▶ 출처 : (사)대한스포츠스태킹협회

04

▶ 출처 : (사)대한스포츠스태킹협회

"10.768초, 개인종합 우승!"

생각보다 기록이 썩 좋지는 않았지만, 1등이라는 결과에 만족했다. 사이클 6.570초, 3-6-3은 실수하는 바람에 2.539초가 나왔고, 3-3-3에서 '1.659초'로 아시아 신기록까지 세우며 개인종합 우승을 차지해서 다행이었다. 남자 선수들도 잘했지만, 여자 선수들이 뛰어났다. 특히 김영서 선수는 3-6-3에서 2.506초로 나보다 좋은 기록이 나와서 놀랐다.

  2014년 9월 21일, 대구 엑스코에서 열린 '대구경북지역예선전' 내 생애 첫 대회에서 우승했을 때, 행복하다는 말로는 부족했다. 모두가 놀랐고, 나도 놀랐다. 2년 동안 열심히 준비했지만, 설마 우승하리라고는 생각하지 못했다. 그런데 해냈다. 아무래도 처음 출전했던 대회여서 그런지 기억에 가장 많이 남는다. 그때 장면 하나하나가 머릿속에 떠오르며 아직도 기억이 생생하다.

  우승하고 집으로 돌아오는 차 안에서 아버지가 처음으로 "현종아, 너에게 이제 재능이 생겼구나."라며 "그렇게 좋고, 하고 싶으면 계속 대회에 나가 보라."고 격려해주셨다. 부모님과 친구들에게 자랑거리를 만들었다는 생각에 기분이 좋았다.

  당시 대구 아침 최저기온은 14.8℃로 제법 쌀쌀했고, 낮 최고기온이 27.9℃에 이를 만큼 일교차가 컸다. 하지만 바깥 온도에 상관없이 대회장은 사람의 체온과 같은 '36.5℃'의 열기로 가득했다. 우승하고 메달과 상장, 트로피를 받아서 기분도 좋았지만, 그보다도 나를 매료시킨 건 모여서 '함께' 즐기는 분위기였다. 긴장이라는 걸 모를 만큼 컵에 미쳐서 빠져 지내던 시절이었고, 다른 스태커들과 같이 컵을 할 수 있다는 게 가장 행복했다.

스포츠스태킹의 역사

"See IT, Believe It, Teach It!"

2000년, 밥 팍스는 동료 체육 교사들에게 스포츠스태킹을 보급에 전념하기 위해 17년 동안 몸담았던 학교를 떠나 미국 전역을 여행하기 시작합니다. 이후 스포츠스태킹의 인기는 기하급수적으로 증가하였고, 현재 48,000개 이상의 학교에서 체육(PE, physical education) 교육과정(curriculum)의 일부로 있습니다. 우리나라도 현재 중학교 체육교과서 14종 가운데 9종에 스포츠스태킹이 소개되어 있습니다.

스포츠스태킹의 효능 가운데 손과 눈의 협응력과 순발력, 양손 사용능력에 대한 검증은 '위스콘신-라크로스 대학교(University of Wisconsin-Lacrosse)'의 브라이언 우더만(Brian Udermann) 박사 팀의 연구에 따르면 손과 눈의 협응력과 반응 시간이 30%까지 향상된다고 합니다.

스포츠스태킹은 양손을 사용함으로써 신체가 골고루 발달할 수 있도록 도와줍니다. 이처럼 양쪽의 숙련도를 증가시킴으로써 인지능력, 집중력, 창의력 및 리듬감을 담당하는 오른쪽 뇌의 발달을 촉진합니다. 특히 악기 연주나 컴퓨터 사용과 같이 양손을 사용함으로써 두뇌 훈련에 도움을 줍니다. 3스태킹이나 6스태킹과 같은 '시퀀싱(sequencing)'이나 반복적인 연습인 '패터닝(patterning)'은 스포츠스태킹의 중요한 요소입니다. 이러한 요소는 읽기나 수학적 기술에 도움을 줄 수 있습니다.

• 출처 : www.speedstacks.com

05

내 생애 첫 국가대표

05

▶ 출처 : (사)대한스포츠스태킹협회

    2014년 12월 13일, 경기도 고양시 일산 킨텍스에서 열린 '캐나다 월드 챔피언십 국가대표 1차 선발전', 내가 출전한 두 번째 대회다. 청송 집에서 새벽 4시에 출발, 이날은 아버지께서 일이 있으셔서 서울까지만 태워다주시고 돌아가셨고, 일산 킨텍스 대회장에는 아는 분이 데려다주셨다. 이번에는 세종이 형이 함께 있어 줬다.

내 생애 첫 국가대표

　넓은 대회장에 모여든 선수들, 일산 대회는 규모부터 달랐다. 국가대표 연습 테이블 주변에 몰려든 스태커들을 보니 부러운 마음에 국가대표를 꼭 해야겠다는 다짐이 커졌다. 이날 처음으로 본 국가대표들은 하얀 얼굴에 큰 키, 국가대표 티셔츠까지 외모부터 달라 보였고, 컵 하는 동작이나 소리도 왠지 위압감이 느껴졌다.

05

▶ 출처 : (사)대한스포츠스태킹협회

당시 고등학교 1학년이었던 형은 내가 1등 할 거라고는 전혀 기대도 안 했는데 우승했더니 보는 눈이 달라졌다. 대회가 끝나고 기차 타러 가는 길에 "너 진짜 열심히 했구나."라면서 "잘할 수 있는 걸 찾은 것 같아 보기 좋다."고 칭찬해주었다.

　스태킹 커뮤니티에서 알고 지내던 스태커들도 만날 수 있어서 진짜 설레었다. 대구 대회와 마찬가지로 "점심 먹자"는 형의 말소리에 아랑곳없이 연습에만 집중했다.

2015 WSSA 캐나다 월드스포츠스태킹챔피언십 국가대표 1차 선발전

2014.12.13

2015 WSSA 캐나다 월드스포츠스태킹챔피언십 국가대표 1차 선발전

2015 WSSA 캐나다 월드스포츠스태킹챔피언십 국가대표는 1,2,3차전 기록 중 각 종목별 최고기록 개인종합 합산기록으로 선발됩니다.
자세한 사항은 공지사항 2014-2015시즌 스피드스택스 국가대표 선발규정 안내를 참고해주시기 바랍니다.
본 대회결과에서 기록 확인이 안 되는 선수들은 대한스포츠스태킹협회 회원관리시스템(선수기록조회)를 통해 기록 확인이 가능합니다.

■ 연령별 신기록   ■ 한국 신기록

	순위	이름	AGE DIVISION	소속	3-3-3	3-6-3	사이클	개인종합
남자부	1위	최현종	만 11~12세	대구 도평초등학교	1.683	2.075	6.015	9.773
	2위	정재호	만 13~14세	대전 탄방중학교	1.780	2.070	5.925	9.775
	3위	강주성	만 11~12세	서울 신우초등학교	1.917	2.237	6.201	10.355
	4위	강희준	만 13~14세	남양주 장내중학교	1.807	2.488	6.353	10.648
	5위	장우석	만 9~10세	광명 구름산초등학교	1.859	2.336	6.663	10.858
	6위	정택훈	만 11~12세	전주 송북초등학교	1.739	2.194	7.348	11.281
	7위	조재영	만 9~10세	서울 미래초등학교	1.995	2.538	6.884	11.417

"0.002초 차이의 짜릿한 승부"

'9.773초로 종합우승' 1등을 했지만 쉽지 않았다. 국가대표들과의 경쟁은 확실히 달랐다. 특히 재호 형은 눈에 띄게 달랐다. 이미 경기 영상을 동영상으로 봤었던 터라 예상했지만, 경기장면을 실제로 보니 더 놀라웠다. 사실 조금만 방심했어도 1등은 힘들었다. 나는 3-6-3에서 '2.075초'로 만 11~12세 연령별 신기록을 세웠고, 재호 형은 '2.070초'로 한국 신기록을 세웠다. 종합에서 재호 형과 나는 불과 '0.002초' 차이였다. 0.002초는 실제로 느낄 수도 없는 시간이다. 솔직히 운이 좋았다.

▶ 출처 : (사)대한스포츠스태킹협회

　재호 형 외에도 희준이 형이나 택훈이, 장우석, 강주성, 조재영 스태커들과 함께한다는 자체가 신나는 경험이었다. 특히 한국 더블의 신기록을 세웠던 '김시우, 정재호' 선수의 경기를 볼 수 있다는 건 행운이었다. 이때부터 조금씩 더블과 릴레이에도 관심을 두기 시작했다. 게다가 당시 유명했던 채린, 김규림, 백고은, 유서은, 김시은, 송지원, 남현민 여자 스태커들의 경기를 직접 볼 수 있는 것도 좋았다.

05

▶ 출처 : (사)대한스포츠스태킹협회

"한국 신기록 세우며 얻은 생애 첫 국가대표"

유튜브에서 봤던 국가대표 선발전에서 우승하고 나니 '아, 이런 기분이구나.'라는 생각이 들면서 "세상을 다 가진 기분"이었고, 태어나서 제일 행복했다. 이때부터 많은 사람이 나를 알아봐 주기 시작했는데, 솔직히 부담스러웠다. 컵 쌓기가 좋아서 시작했고, 미친 듯이 하다 보니 우승까지 하게 되었다. 지금도 부담감이 없는 건 아니지만, 스태커들의 관심에 감사하고, 나의 경험을 나누고 싶다는 마음이 더 커졌다.

내 생애 첫 국가대표

　2015년 1월 16일, 서울 코엑스에서 열린 2차 선발전에는 출전하지 않았다. 2차 대회에서 정재호 스태커는 1차 선발전에서 세운 5.925초의 본인 기록을 깨고 '5.683초'로 한국 신기록을 세우며 우승했고, 지금은 독일에서 공부하고 있는 박성광 스태커가 준우승했다. 특히 1차 선발전에서 13.641초로 5위를 차지했던 김시은 선수가 3-3-3에서 1.799초의 연령별 신기록을 세우고 여자부 1위를 차지하면서 두각을 보이기 시작했다.

▶ 2015 WSSA 캐나다 월드스포츠스태킹챔피언십 출전 국가대표 3차 선발전(2015.02.28)

2015 WSSA 캐나다 월드스포츠스태킹챔피언십 국가대표 및 국가대표상비군

성별	순위	이름	AGE DIVISION	소속	3-3-3	3-6-3	사이클	개인 종합
남자부	1위	최현종	만 11~12세	경북 도평초	1.570	2.075	5.625	9.270
	2위	정재호	만 13~14세	대전 탄방중	1.583	2.070	5.683	9.336
	3위	강주성	만 11~12세	서울 광신중	1.723	2.237	5.934	9.894
	4위	박성광	만 11~12세	부산 연산중	1.753	2.115	6.167	10.035
	5위	김시우	만 13~14세	서울 신목중	1.716	2.262	6.333	10.311
	6위	장우석	만 9~10세	경기 구룡산초	1.799	2.294	6.294	10.387
	7위	박진홍	만 11~12세	광주 본촌초	1.746	2.150	6.531	10.427
여자부	1위	김현하	만 13~14세	부산 양덕여중	1.782	2.194	6.516	10.492
	2위	채린	만 11~12세	서울 동일중	1.808	2.342	6.546	10.696
	3위	정예린	만 15~16세	부산 남성여고	1.824	2.347	6.531	10.702
	4위	김규림	만 11~12세	강원 교동초	1.790	2.397	6.557	10.744
	5위	김민	만 13~14세	울산 천상중	1.808	2.440	6.497	10.745
	6위	백고은	만 11~12세	경기 버들개초	1.786	2.431	6.586	10.803
	7위	유서은	만 11~12세	경기 화정중	1.729	2.597	6.610	10.936

캐나다 몬트리올에서 열리는 '2015 WSSA 월드스포츠스태킹챔피언십' 국가대표 선발전은 3차까지 있었다. 3차는 최종선발전이었는데 2015년 2월 28일, 부산 시민공원 백산홀에서 열렸다.

오전 예선에서 3-3-3과 사이클은 괜찮았는데, 3-6-3을 완전히 망친 상황이었다. 이날도 점심 먹을 겨를이 없었다. 집중이 필요했다. 세 종목 기록이 모두 있어야 하고, 두 번의 대회 기록을 합산한다는 선발규정을 나중에야 알았다. 다행히 3-3-3, 1초570과 사이클, 5초625로 한국 신기록을 세우며 '개인종합 9초270'으로 대회 세 번째 1위를 차지했다.

그렇게 처음으로 국가대표에 뽑혔다. 인터넷으로만 봤던 국가대표들과 나란히 하고, 우리나라를 대표해서 국제경기에 출전하게 되었다고 생각하니 기분이 묘했다. 정확하게 표현하기는 어렵지만 '기쁜' 마음만 있었던 건 아니었다. 부모님의 기대뿐만 아니라 도평초등학교 교장선생님, 담임선생님의 격려, 그리고 학교 친구들의 부러움까지 받으니 부담감이 컸다. 지금 생각해보면 감사한 '관심'이었던 것 같고, 철없던 나는 한동안 '허세'를 부리며 그 관심을 즐겼다고 고백한다. 부끄러웠던 그 모든 경험이 지금의 나를 만들어 준 거라 감사하게 생각한다.

역사 속 스태커

에밀리 팍스(Emily Fox)

'팍스 패밀리'로 불리는 밥 팍스(Bob Fox) 회장의 자녀는 에밀리(Emily) 팍스, 브래넌(Brennan) 팍스, 키트(Kit) 팍스로 3남매입니다. 에밀리 팍스(1987년 4월 23일 출생)는 2002년 4월 사이클 7.43초와 3-6-3에 2.72초로 세계 신기록을 세웠습니다. 이 기록은 2006년까지 4년 넘게 유지되었습니다. 2006년 독일의 Robin Stangenberg가 7초41을 기록하며 깨졌고, 3-6-3 기록은 2007년에 독일의 Robin Stangenberg와 Yannick Zittlau가 2.79초를 세우면서 깨졌습니다.

농구선수였던 에밀리는 선더릿지(ThunderRidge) 고등학교 1학년 때, <USA Today> 고등학교 전국 여론조사에서 팀을 7위로 끌어올렸고, <퍼레이드 잡지>에 고등학교 'All American'으로 지명되었습니다. 미네소타대학으로 진학한 에밀리는 대학에 다니는 4년 동안 게임당 평균 11.7점을 기록했습니다. 그녀는 2007년 'Pan American Games'에서 금메달을 땄으며, 2009년 4월에는 미네소타 Lynx의 WNBA 규정 세 번째 초안을 만드는데 참여하기도 하였습니다. 에밀리 팍스는 스포츠태킹 최초로 자신의 이름이 새겨진 컵을 만들었는데, 블랙과 화이트 두 가지 버전이 나왔습니다.

• 출처 : https://en.wikipedia.org/wiki/Emily_Fox

2015 캐나다, 첫 국제대회

2015 WSSA
WORLD
SPORT STACKING
CHAMPIONSHIPS
MONTREAL, CANADA

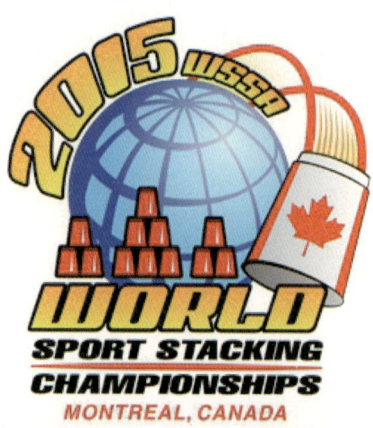

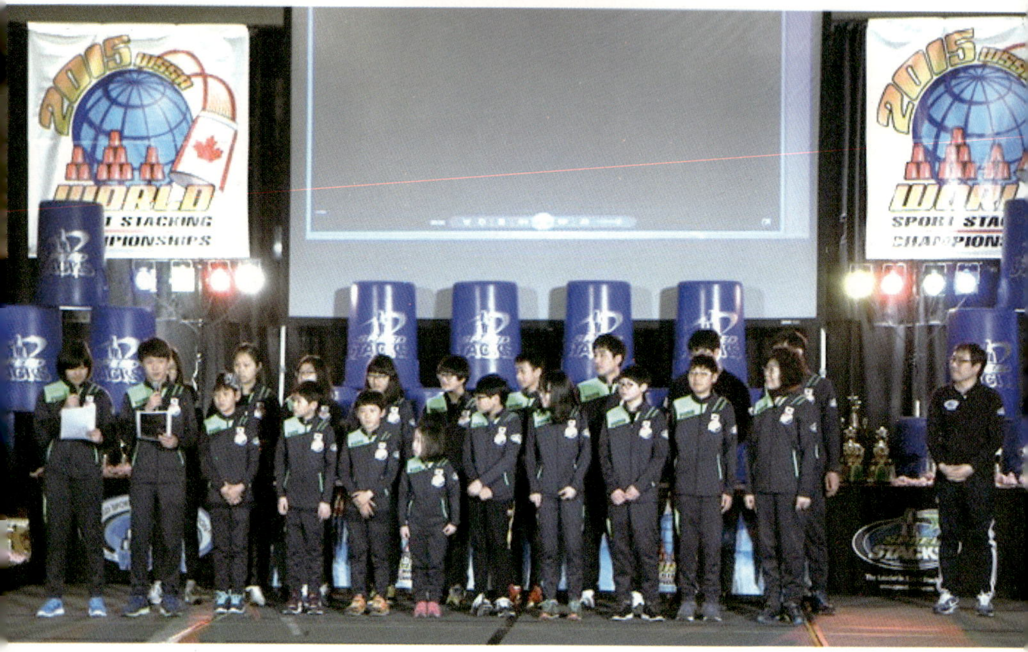

▶ 출처 : (사)대한스포츠스태킹협회

"정말 소중한 경험의 첫 국제대회였어요."

어렸을 때, 비행기를 타봤다고 얘기는 들었지만, 기억이 나질 않는다. 아마 아주 어렸을 때라 그런 것 같다. 그런 면에서 이번 캐나다 월드챔피언십 대회는 나의 첫 해외여행이나 마찬가지였다. 그래서 더욱 각별했다. 아버지께서 인천공항까지 데려다주셨는데, 인천공항에 가는 5시간이 어떻게 지나갔는지 모를 정도로 머릿속은 온통 컵을 하고 싶다는 생각뿐이었다.

98 | 시도하라

　인천공항 출발해서 밴쿠버까지 10시간, 비행기 갈아타서 몬트리올까지 또 11시간 총 21시간의 비행시간은 정말 힘들었다. 게다가 14시간의 시차까지. 그런데도 숙소에 도착해서 짐 풀기 무섭게 연습! 연습! 연습! 우리나라 선수들처럼 대회에 집중하고, 기록을 중시하는 스태커들은 없어 보였다. 그만큼 빠르게 성장했고, 좋은 기록을 내는 힘이 되었던 것 같다.

06

▶ 출처 : (사)대한스포츠스태킹협회

"스태킹을 즐기는 스태커 여러분, 환영합니다."

마이크를 잡고 진행하는 밥 팍스 회장님을 직접 만나니 꿈만 같았다. 영어가 안 되어서 조금 불편했지만, 그래도 이해해주려는 사람들이 많아 다행이었다. 대회장에서 만난 마이클은 나를 많이 배려해주어서 처음 참여한 국제대회가 더욱 기억에 남도록 해주었다.

2015 캐나다, 첫 국제대회

　　2015년 4월 10일~12일, 캐나다 몬트리올에서 열린 '2015 WSSA 캐나다 월드스포츠스태킹 챔피언십' 대회. 비행기 뜨는 기대감만큼 들떠 있었다. 존경했던 스태커들을 한 번에 다 볼 수 있다는 생각에 진짜 흥분되었다. 대회장 분위기는 우리나라와 확연히 달랐다. 규모도 훨씬 컸지만, 무엇보다 사람들의 활기차고 즐기는 모습을 보니 덩달아 흥이 솟아나는 기분이었다. '아, 이런 게 진짜 월드챔피언십이구나.'하는 생각이 들었다.

　　월드챔피언십 대회의 하이라이트는 물론 최종 결승경기이겠지만, 경기 전날의 전야제 'Meet and Greet(만남과 환영)'에서 참가국 선수들의 장기자랑을 보는 즐거움이나 스태커들끼리 기념품을 나누면서 서로 축하하는 광경은 '축제' 그 자체였다. 그 자리에 함께 있어서 좋았지만, 솔직히 힘들었다. 행사장 바닥에 앉아있는데 눈이 저절로 감겼다. 대회 하루 전날 가서 대회를 치른다는 게 말이 안 될 정도로 힘들었다. 스태킹의 참모습을 즐길 기회가 사라지는 느낌마저 들었다.

"아쉬웠지만, 많이 배우고 느낀 대회였어요."

첫 국제대회의 성적은 아쉬웠다. 특히 3-3-3(1.570초)과 사이클(5.625초) 한국 신기록을 세우며 화려하게 국가대표에 뽑혔는데, 평균 기록에도 못 미치는 3-3-3 1.687초(4위), 3-6-3 3.823초(9위), 사이클 6.295초(3위)라는 성적이라니. 정말 실수 연발이었다.

'내가 이것밖에 안 되나'하는 생각에 더 위축되었다. 아무리 정신을 가다듬고 집중해도 맘처럼 손이 움직이질 않았다. 숨을 가다듬고, 물을 마시고, 몸을 풀어도 긴장감은 여전했다. 힘든 비행 여정에 14시간의 시차 적응은 진짜 힘들었다. 진심으로 컵을 좋아하지 않고서야 이런 힘든 일정을 소화하기 어렵다. 스태커들을 반대하는 부모님의 마음을 조금은 알 것 같았다.

06

팀 3-6-3 시간 릴레이(전체연령)

순위	이름	소속	기록
3위	채린	Team Soul Korea Red	14.296
	최현종		
	정재호		
	박진홍		

　그런데도 즐거웠다. 이런 걸 두고 "피할 수 없으면 즐겨라."라고 하는 걸까. 조그만 컵 하나로 세계 각국의 수많은 사람이 모여 이런 축제를 열 수 있다는 것. 이것이 바로 스포츠스태킹의 가장 큰 매력인 것 같다. 컵으로 만나 즐기고 나누는 소통의 장. 컵으로 하나 되는 자리에서 너와 나를 넘어 '우리'를 느끼는 모습은 정말 인상적이었다.

'2015 WSSA 캐나다 월드스포츠스태킹챔피언십' 대회에서 우리나라는 김규림 선수가 10초385로 여자부 종합우승을 차지했다. 채린, 정재호, 박진홍 스태커와 내가 참여한 인터내셔널 챌린지에서 14초296을 기록하며 미국에 아쉽게 져 3위를 차지했다. 이번 대회는 그동안 아시아에서 메이저 국가로 인정받던 것에서 벗어나 전 세계에 우리나라의 실력을 입증한 대회라고 할 수 있다.

2015 캐나다, 첫 국제대회

　남자부 종합우승은 미국의 오렐 선수가 차지했다. 특히 더블 경기에서 오렐과 폴리는 5.953초로 우승을 차지하는 한편, 처음으로 5초대의 더블 기록을 세우는 파란을 일으켰다. 이 기록은 현재까지 세계기록으로 유지되고 있다. 게다가 3-6-3 팀 시간릴레이에서 USA All Stars 팀(조쉬, 폴리, 밀러, 오렐)이 12.421초의 세계신기록까지 수립하며 미국의 건재함을 과시했다.

최현종처럼 | 109

06

110 | 시도하라

하지만 이 기록은 일주일 후인 2015년 4월 18일, 메릴랜드 대회에서 'Fantastic Four'(지웨이, 폴리, 밀러, 오렐)가 현재 세계기록인 12초212를 세우며 깨져버렸다. 판타스틱4는 2014년 USA 내셔널대회부터 만들어진 팀으로 캐나다 월챔 대회 당시에 지웨이가 불참하여 조쉬가 대신하게 되었다. 미국에는 국가대표 선발전이 따로 없고, USA 내셔널 대회가 국가대표 선발전이나 다름없다.

역사 속 스태커

스티븐 프루거넌(Steven Purugganan)

　스티븐은 필리핀계 미국인으로 1998년에 태어났다. 2006년 ESPN에 방송된 세계선수권대회를 본 후 어머니가 컵을 사주셔서 시작하게 되었다고 한다. 최현종 선수와 시작이 닮았다.

　스태킹을 시작한 지 1년 만인 2007년 10월 20일에 3-6-3의 7.23초, 더블에서 8.49초의 세계신기록을 수립하며 정상에 오른다. 이후 2008년 2월 16일에 3-3-3 1.96초, 3-6-3 2.38초, 더블 7.84초, 사이클 6.65초, 3월 16일에 3-6-3 2.34초, 사이클 6.52초, 4월 6일 월드챔피언십대회에서 3-3-3 1.86초, 사이클 6.21초, 이어 2009년 1월 3일, 사이클 5.93초까지 독보적인 스태커로 자리매김한 스티븐은 2011년까지 무려 29개의 세계기록을 세우는 전설을 기록한다. 방송 토크쇼에 출연하면서 명성을 얻은 스티븐은 맥도널드 광고까지 찍게 된다. 2011년 월드챔피언십 종합우승을 끝으로 지금은 전설이 되어 버렸다.

• 출처 : https://en.wikipedia.org/wiki/Emily_Fox

<영재발굴단>이 두 번 검증한
'영재 중의 영재'

07

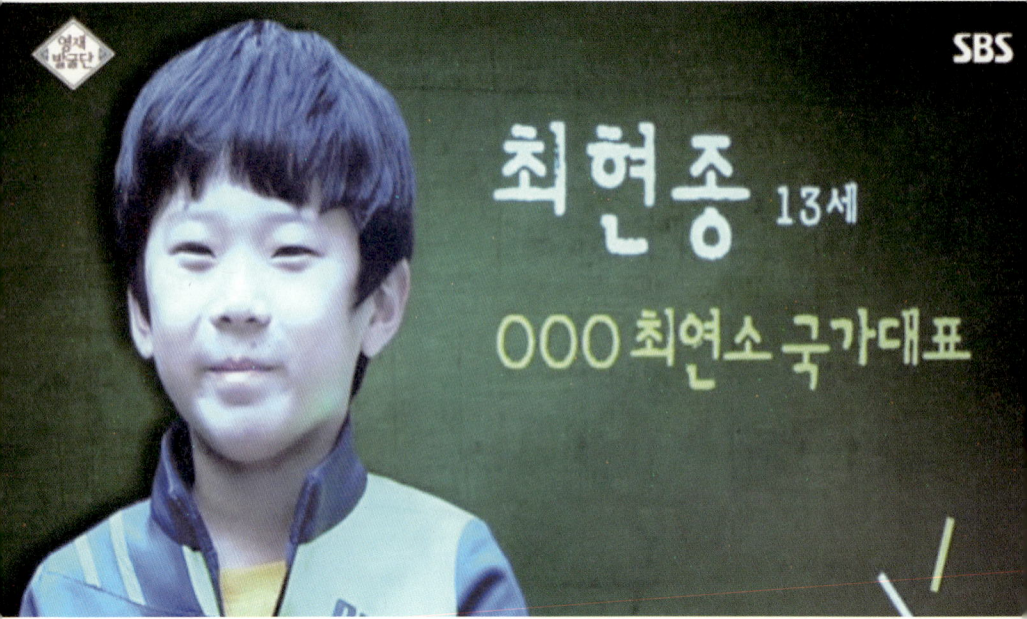

▶ 출처 : SBS <영재발굴단>

　처음 참가한 지역 예선대회에서 우승하고 나서 국가대표 선발전 1차와 3차에서 연달아 1등 했더니 커뮤니티에 아는 스태커들이 많아졌다. 나의 기록 하나하나가 관심의 대상이었다. 나를 잘 모르던 사람들은 '갑툭튀'(갑자기 툭 튀어나옴) 스태커쯤으로 생각할 수도 있겠지만, 부모님의 눈치 속에 2년 동안 엄청나게 준비했다는 사실을 커뮤니티에는 이미 알려져 있었다. 특히 캐나다 월드챔피언십 대회를 다녀오고 나서 많은 사람의 관심을 받고 있었다.

　2015 캐나다 월챔 다녀오고 얼마 안 되었을 때, SBS <영재발굴단>에서 연락이 왔다. 보통의 방송 출연도 떨렸을 텐데, '영재발굴단'이라는 말에 흥분을 감출 수 없었다. 엄청 기쁘기도 했지만, 긴장감은 말로 다 할 수 없었다. 더군다나 엄격한 검증을 통과해야 방송 출연이 확정된다는 설명에 '혹시 영재가 아니면 어떡하나' 하는 생각으로 나뿐만 아니라 부모님까지 걱정이 이만저만 아니었다. 작가의 설명대로 까다로운 검증과정이 기다리고 있었다. 이제야 밝히지만, 방송에 나온 건 10분의 1에 불과할 정도로 복잡하고 많았다. 부모님까지 검사를 받아야 했기 때문이었다.

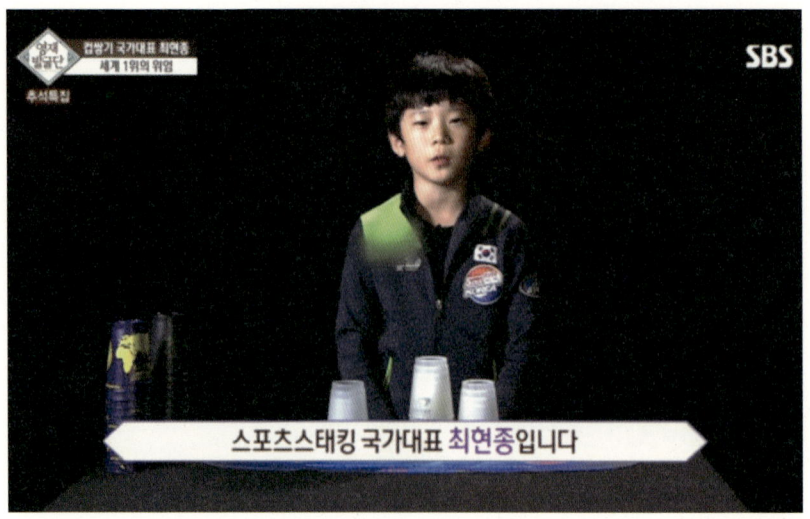

"대한민국 방방곡곡 숨어있는 인재들을 찾아서
관찰하고, 육성하고, 응원하는 <영재발굴단>"

드디어 2015년 5월 27일 수요일 오후 8시 55분, SBS <영재발굴단>이 전파를 탔다. 방송이 나오기까지 집과 서울 목동의 SBS 방송사, 강남에 있는 공부두뇌연구원까지 수없이 다녔지만 실감이 나지 않았다. 막상 방송하는 날 가족들과 모여앉아 TV를 보는데, 어색한 말투에 부끄럽기도 하고 너무 신기했다. 방송 출연 이후에 확실히 많은 사람이 나를 알아보기 시작했던 것 같다. 특히 청송에서는 모르는 사람이 없을 정도로 유명해졌다.

　경기 장면으로 2015년 5월 9일에 대전 둔산초등학교에서 열렸던 '제2회 대전 서구청장배 스포츠스태킹 대회'가 방송되었다. '4년 무패 절대강자'로 소개된 재호 형과 사이클 왕중왕 결승전이었는데, 5초433으로 이겼다. 대회 진행을 맡았던 백명운 코치는 "자 이렇게 해서 스택 아웃 왕중왕전은 최현종 국가대표의 승리로 끝났습니다."라고 설명했다. 당시 사이클 기록 5초433은 비공식 한국 신기록이었다. 경기 영상을 방송에 사용하려고 방송국에서 연락이 왔는데, 협회에서 주관하는 대회가 아니다 보니 제대로 찍어놓은 영상이 없었다. 결국 여러 코치님이 여기저기 수소문한 끝에 겨우 구해 방송에 내보낼 수 있었다.

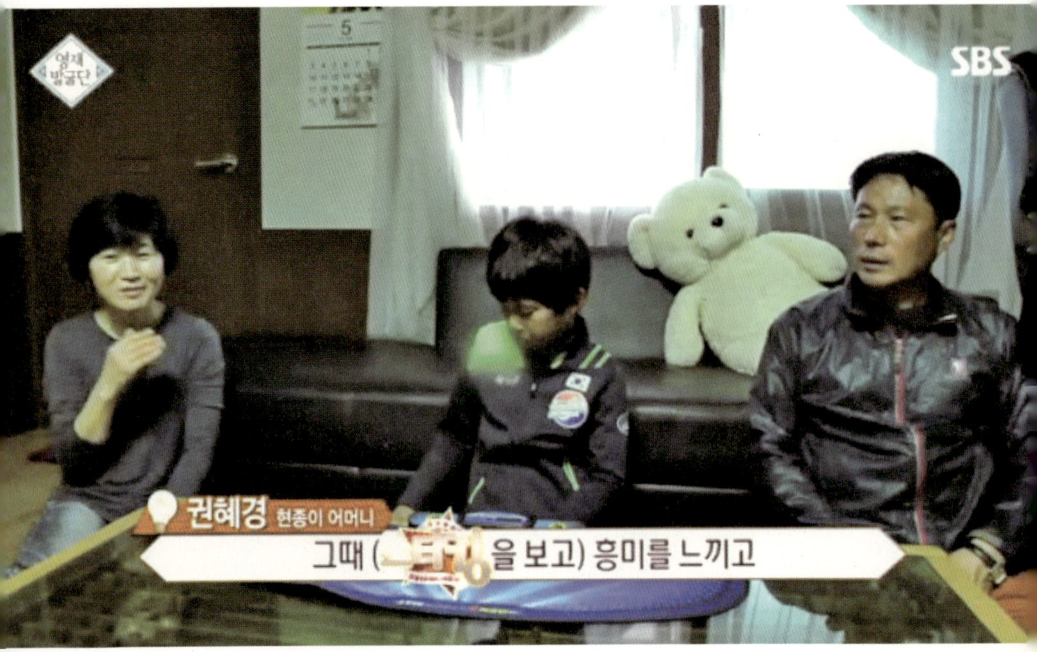
영재
발굴단
SBS
권혜경 현종이 어머니
그때 (을 보고) 흥미를 느끼고

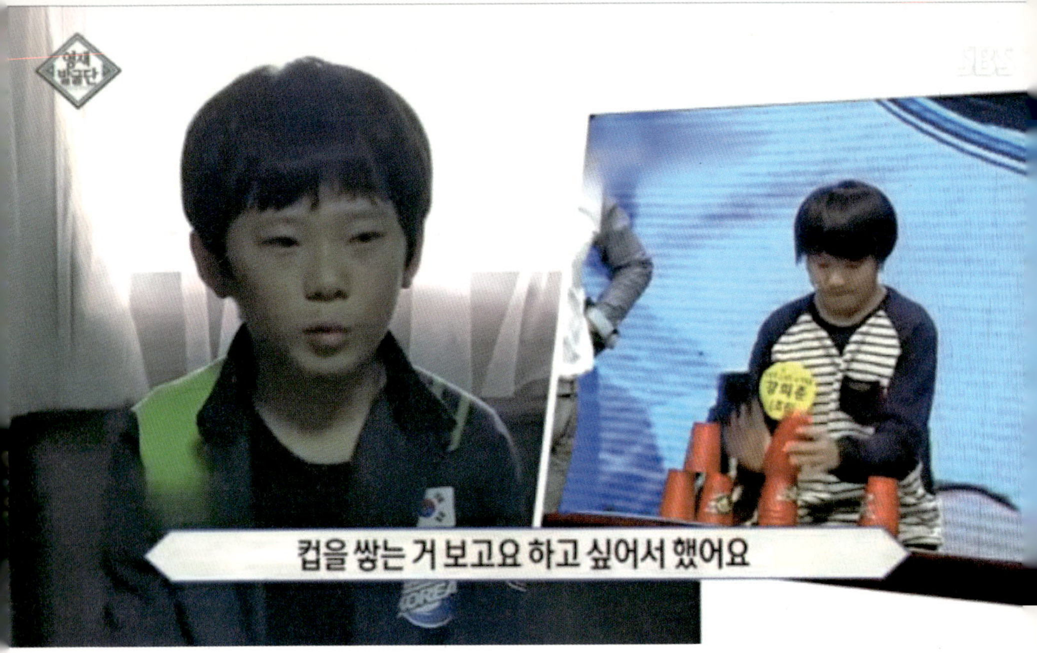
영재
발굴단
컵을 쌓는 거 보고요 하고 싶어서 했어요

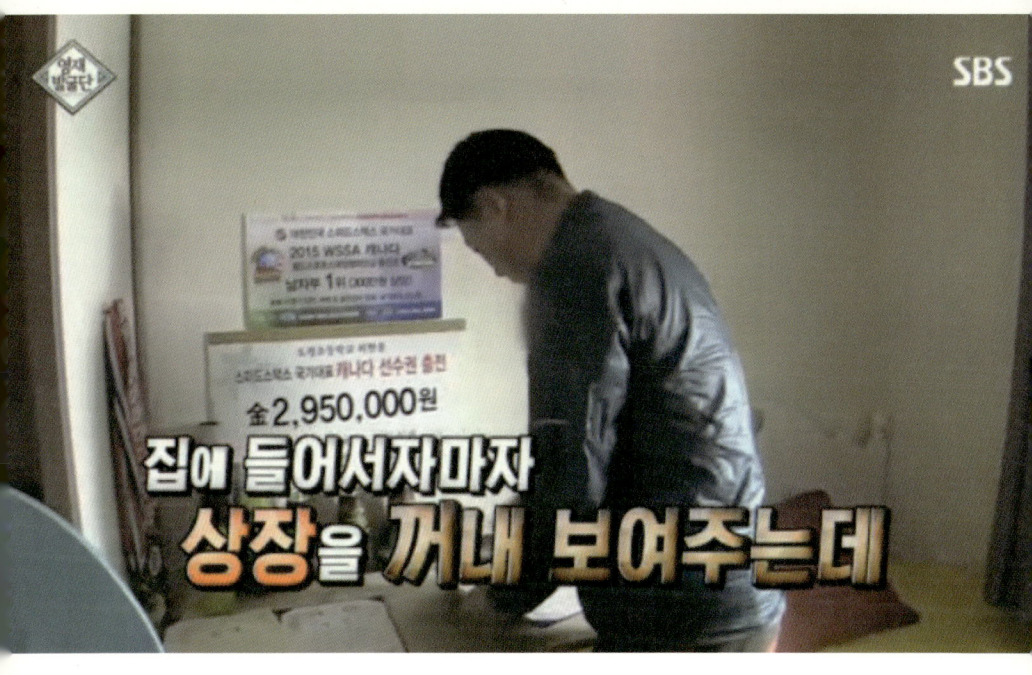

"스태킹에서 영재는 확실합니다."

영재발굴단 촬영팀이 우리 집을 방문했다. 아버지는 취재진에게 상장과 메달, 트로피를 보여주면서 "세 번의 대회에서 남자부 개인종합 1등, 캐나다 월드챔피언십 국가대표 임명장"이라고 설명한 후에 "우리나라에서는 지금 최고 잘하니까 컵 쌓기에서는 영재가 확실하다."고 자랑하셨는데, 조금 쑥스러웠다.

방송에서는 대회 출전 6개월 만에 한국 신기록을 달성했다면서 '3-3-3 1.576초, 사이클 5.625초' 기록을 보여줬고, "2015 캐나다 월드챔피언십 대회 3위를 했다."면서 '사이클 6.295초'를 세운 영상이 나왔는데, 창피해서 죽는 줄 알았다. 나머지도 그렇지만 사이클 기록은 평소 기록에 못 미치는 성적이었기 때문이다.

　아버지의 노력으로 청송군에 처음으로 체육 장학금이 만들어질 만큼 아버지는 나를 위해 백방으로 뛰어다니셨다. 그런 부모님의 지원이 없었다면 스포츠스태킹을 계속하기 어려웠을 것이다. 지금 국가대표 중에 많은 스태커가 부모님의 도움을 받았고, 받고 있다는 건 부정할 수 없는 사실이다. 청송에서 대구에 가는데 만도 2시간이 걸리고, 서울 대회를 가려면 최소한 1박 2일을 잡지 않으면 불가능하다.

　아버지는 "국가대표 된 아이들을 다 만나봤는데, 이걸 하고부터 성적이 다 올랐다고 하는데 현종이만 떨어졌더라."고 솔직하게 말씀하셨고, 그런 아빠를 보면서 나는 "꼴등은 절대 아니다."라고 강하게 억울함을 호소했다. 사실 컵을 하고 나서 성적이 떨어진 건 사실이었지만, 방송을 보면 '꼴찌'로 오해하기 딱 좋았다. 방송의 힘은 바로 나타났다. 방송이 나간 후에 아는 분들한테 전화를 엄청나게 받았는데, 특히 친척들이 "현종이 진짜 공부 꼴등 하느냐?"고 아버지한테 전화하셔서 한동안 아버지도 힘들고 나도 무척 힘들었다. 이 자리를 빌려 다시 밝히지만, 제발 오해 없으시길.

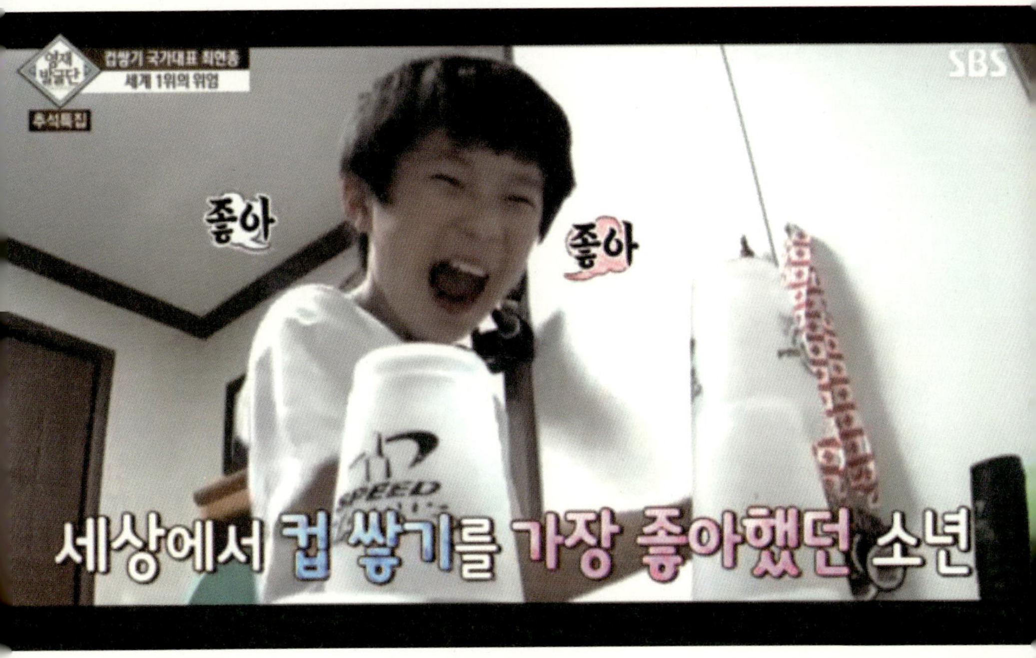
영재 발굴단
컵쌓기 국가대표 최현종
세계 1위의 위엄
추석특집
SBS
좋아
좋아
세상에서 컵 쌓기를 가장 좋아했던 소년

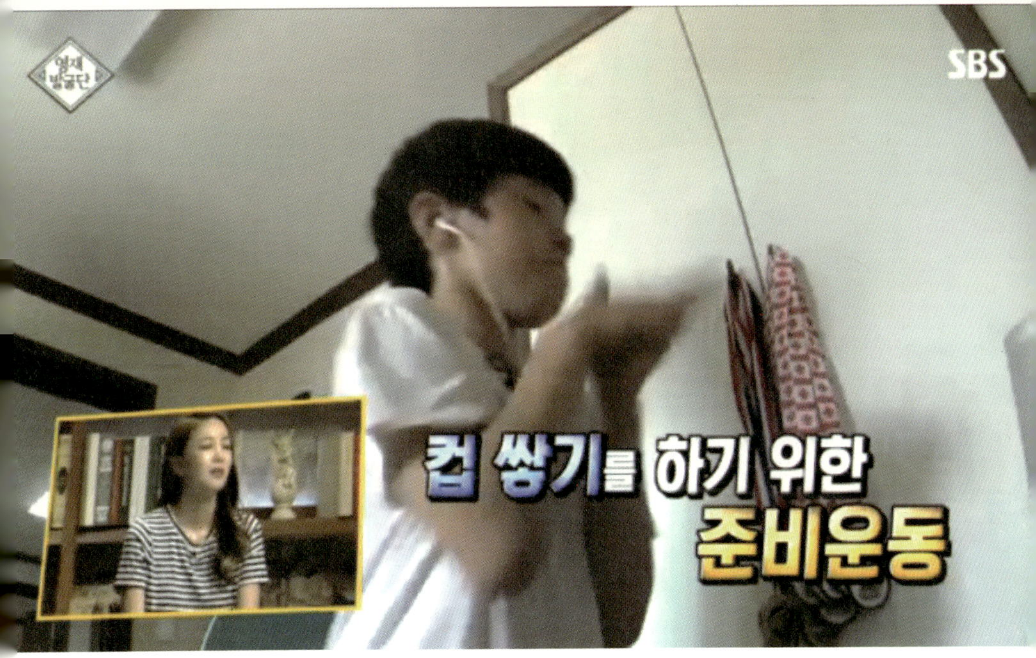
영재 발굴단
SBS
컵 쌓기를 하기 위한
준비운동

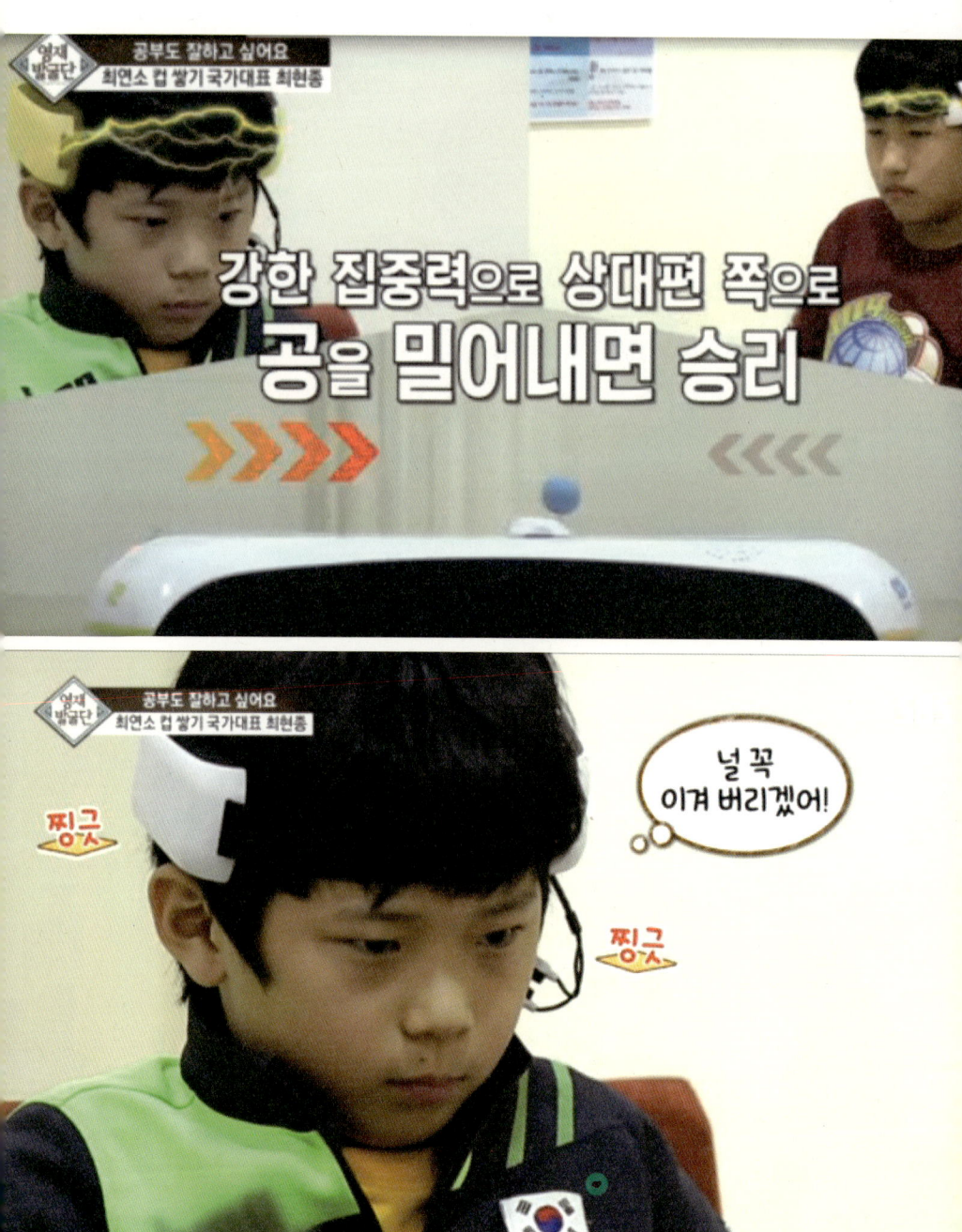

"방송에 나온 집중력 테스트는 일부일 뿐"

검증을 위한 테스트는 마치 시험을 보는 것처럼 복잡했다. 연구원에서 박사님과의 면접, 수십 장에 달하는 검사지, 뇌파 검사까지 비슷한 검사는 아빠와 엄마에게로 이어졌다. 그런데 방송에는 다 편집되고 서진이와 펼치는 집중력 대결 장면만 나왔다. 당시 서진이는 스태커들 사이에 공부 잘하고 컵도 잘하는 친구로 유명했다. 서진이를 이길 수 있을지 사실 나도 조마조마했는데, 두 번의 테스트에서 두 번 다 이겨버렸다. 테스트를 지켜본 담당 선생님조차 놀라워하셨다.

　당시 박사님은 나를 치타에 비유하면서 "공부와 스태킹, 두 가지 다 잘할 수 있는 아이"라고 칭찬하면서 "단거리는 지구상에서 가장 빠르지만, 오래 달리지 못한다."고 설명했다. 공부 종량제는 시간에 구애받지 않고, 오늘 해야 할 양을 정해놓고 끝내는 시간이 공부가 끝나는 시간인 것으로, 순간 집중력이 좋은 아이들에게 일정한 학습량을 제한하여 공부에 대한 성취감을 느끼게 해주는 방법이라고 한다. 대신 컵을 치워야 순간 집중력을 높일 수 있다고 해서, 방에 있던 컵을 전부 치웠다. 처음에는 자꾸 컵 생각으로 힘들었지만, 효과는 분명했다.

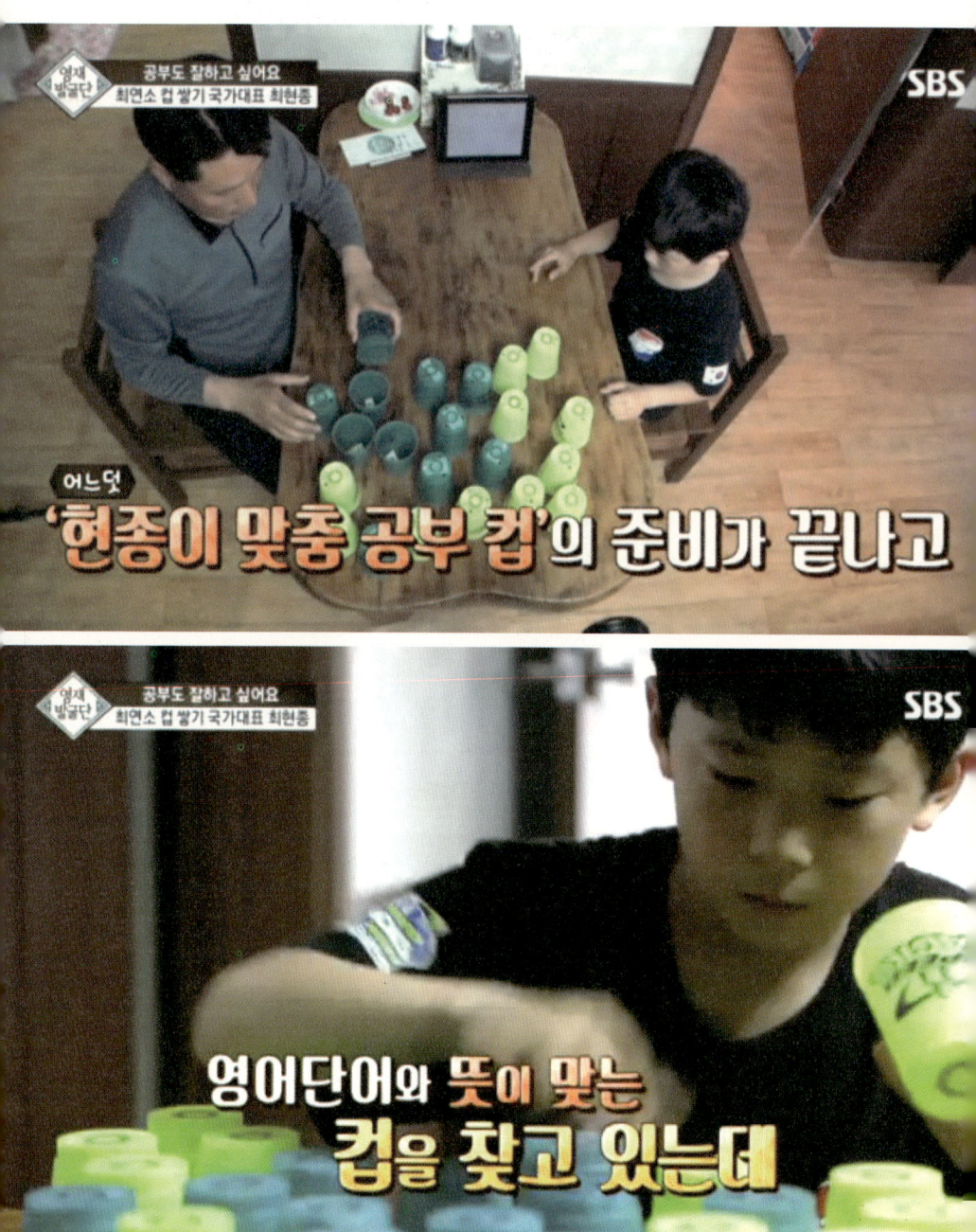

　정한 분량만큼 공부한 다음 컵을 마음껏 할 수 있다고 생각하니 더 편하게 공부할 수 있었다. 아버지는 나를 위해 컵 안에 영어 단어를 적어 넣고 정해진 시간 안에 영어 단어와 맞는 뜻을 찾는 방법으로 영어 공부에 도움을 주셨다. 공부 종량제는 지금도 계속하는데, 스태킹 종량제도 적용해서 연습하고 있다. 스태킹을 시작한 지 6년 넘게 꾸준히 하고 있고, 얼마 전에는 2018 말레이시아 아시안챔피언십 국가대표 최종 선발전에서 1.327초의 3-3-3 신기록까지 세우면서 정상의 자리도 지켜오고 있으니 이만하면 지구력도 나쁘지 않아 보인다.

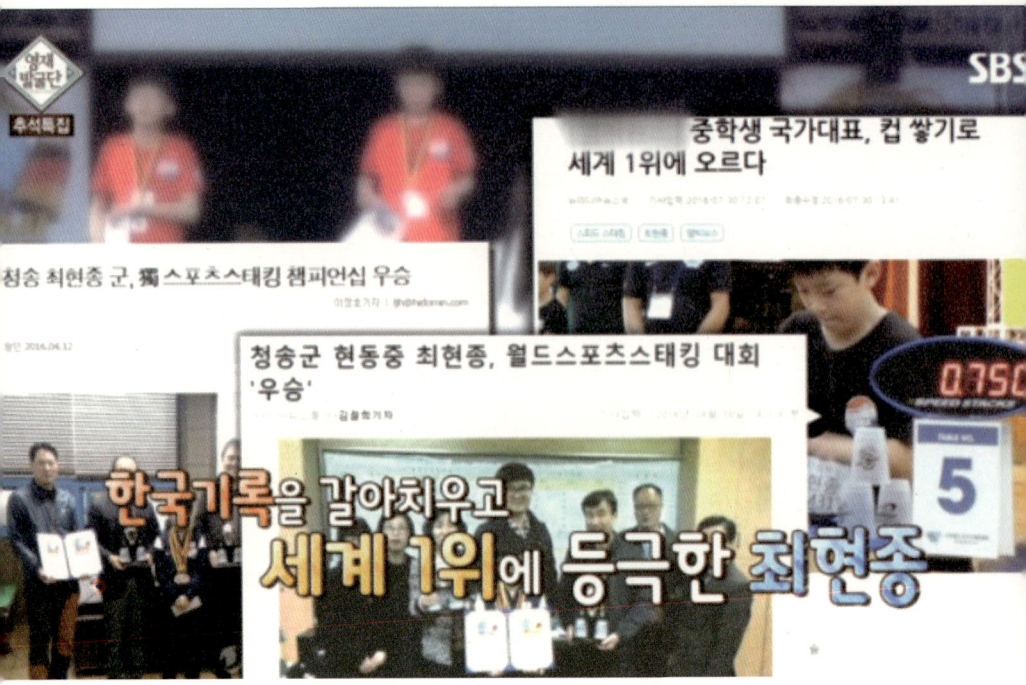

　　2016년 9월 14일(수)에 추석특집으로 방송한 제73회 <영재발굴단>은 이전에 방송 출연했던 아이들의 근황을 전하고 있다. 한 가지에만 빠진 '긍정 홀릭 영재들', 각 분야에서 우리나라 일인자였던 출연자들이 어떻게 능력을 키워가고 있을까? 추석에만 볼 수 있는 영재들의 화려한 귀환!

　이날 방송에는 초고층빌딩 마니아 이창섭이 뉴욕에 초대받아 방문한 이야기, 2016년 독일에서 열린 월드챔피언십 대회에서 우승을 차지한 나의 이야기, 전국의 뺑소니 자동차 검거에 결정적 단서를 제공한 자동차영재 김건, 비행기조종사 테스트까지 통과한 비행기 전문가 13살 이택현, 그리고 뮤지컬을 사랑하는 13살 소녀 김서정이 출연했다.

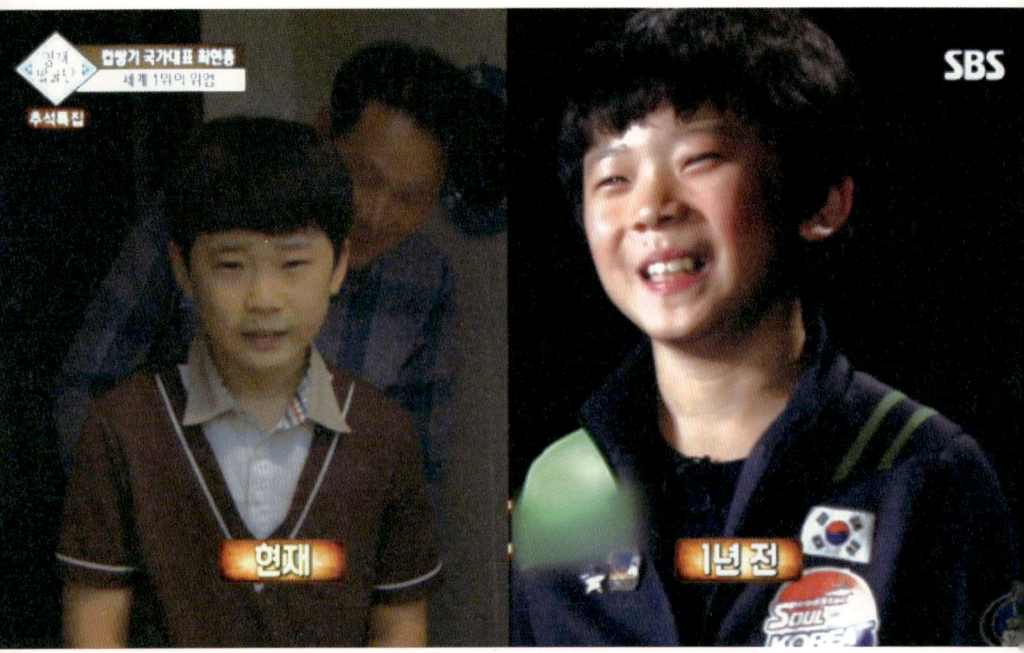

　추석이 돌아오면 그때 생각이 떠오른다. 추석특집으로 두 번째 출연하게 된 <영재발굴단>은 나에게 커다란 선물이기 때문이다. 또다시 2년이 지나 나의 책을 선보이게 되었다. 아버지는 작년 말부터 나의 유학을 위해 여기저기 추천서를 부탁하시느라 바쁘셨다. 그런 모습을 보면서 무척 안쓰럽고 죄송했다. 아버지는 늘 "현종이 소개하는 작은 책자라도 하나 있었으면 좋겠다."는 말씀을 하셨는데, 진짜로 책이 나오게 되었으니 얼마나 기쁘시겠는가. 책이 완성되기까지 가장 많이 노력하신 신동헌 코치님은 물론 지금의 내가 있도록 도와주신 부모님께 감사를 드리고 싶다.

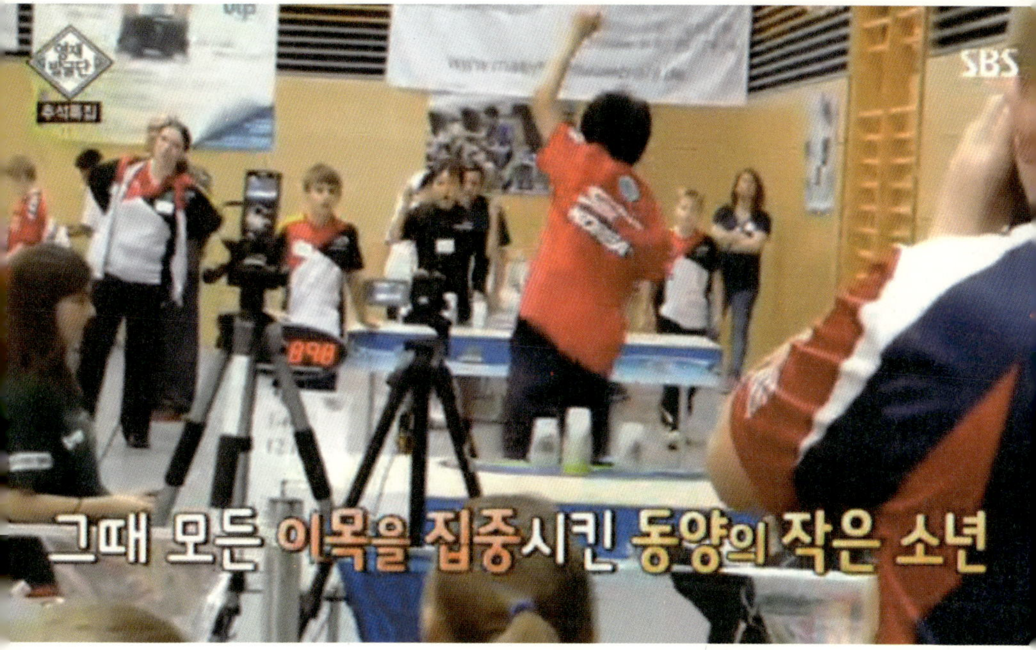
영재 발굴단
추석특집
SBS
그때 모든 이목을 집중시킨 동양의 작은 소년

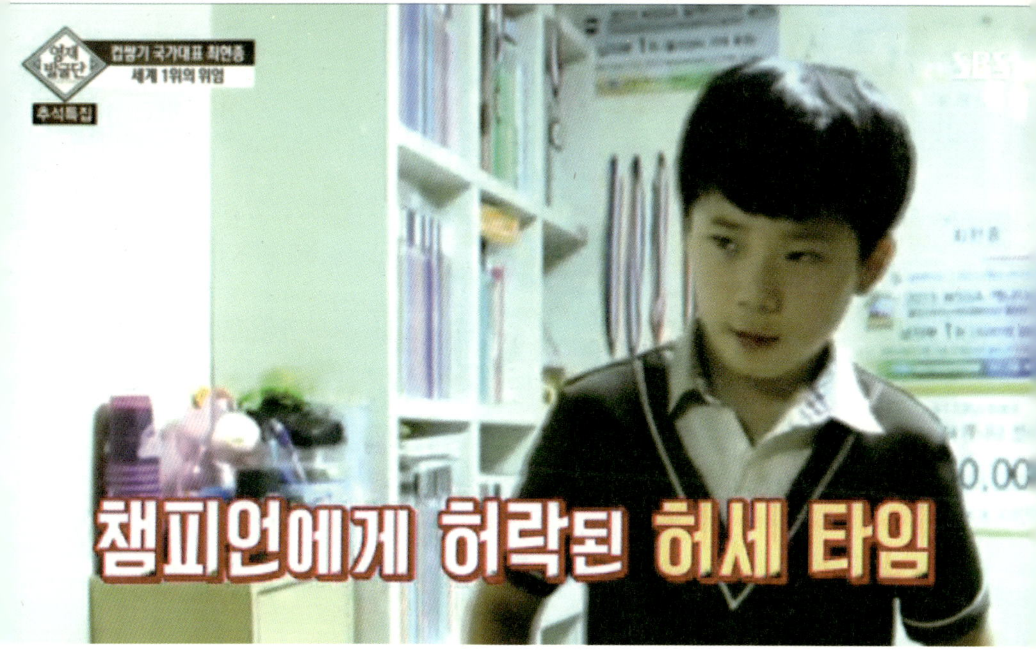
영재 발굴단
컵쌓기 국가대표 최현종
세계 1위의 위엄
추석특집
챔피언에게 허락된 허세 타임

07

　지금까지 <영재발굴단> 두 번 출연을 비롯해 뉴스나 교양 프로그램 등 7~8차례 방송에 나갔다. 학생이다 보니 수업을 빼기 힘들어 그나마 주말을 이용한 촬영만 가능했다. 지난 2018년 5월 13일에 방송했던 SBS <모닝와이드> '오지형이 간다.'에도 11일(토)에 촬영팀이 집에 와서 나의 연습 장면을 촬영하고 스포츠스태킹을 배워, 12일(일)에 일산 킨텍스에서 열린 '2018 아시안챔피언십 챌린지 1차' 대회에 오지형 탤런트 박세준 씨가 직접 대회에 출전하는 모습을 영상에 담은 숨 가쁜 일정이었다.

스포츠스태킹 세계 기록 순위

2018년 10월 31일 기준

순위	이름	국적/지역	3-3-3	3-6-3	사이클	종합	차이
1	William Orrell	미국 / 노스 캐롤라이나	1.363	1.793	4.813	7.969	
2	Chan Keng Ian	말레이지아	1.375	1.713	4.982	8.070	0.101
3	최현종	대한민국 / 경북 청송	1.327	1.746	4.998	8.071	0.102
4	김시은	대한민국 / 서울 송파	1.424	1.816	5.089	8.329	0.360
5	Kwanchai Kriengwittayakul	태국	1.406	1.787	5.167	8.360	0.391
6	Tyler Hollis	미국 / 뉴욕	1.422	1.840	5.130	8.392	0.423
7	Josh Hainsel	미국 / 노스 캐롤라이나	1.391	1.786	5.216	8.393	0.424
8	Willam Polly	미국 / 버지니아	1.424	1.855	5.254	8.533	0.564
9	류승지	대한민국 / 부산 금정	1.422	1.797	5.350	8.569	0.600
10	Kwanchai Kriengwittayakul	태국	1.374	1.968	5.228	8.570	0.601
11	Tristan Plamondon	캐나다 / 퀘벡	1.418	1.853	5.312	8.583	0.614
12	Phuriwat Flores	태국	1.430	1.872	5.287	8.589	0.620
13	Andrew Dale	미국 / 네브라스카	1.516	1.873	5.216	8.605	0.636
14	정재호	대한민국 / 세종시	1.477	1.900	5.265	8.642	0.673
15	Pathomphong Harnchai	태국	1.484	1.846	5.365	8.695	0.726
16	Nate Harrah	미국 / 웨스트 버지니아	1.459	1.839	5.416	8.714	0.745
17	오정록	대한민국 / 경기 평택	1.445	1.903	5.369	8.717	0.748
18	Nicholas Stamm	미국 / 켄터키	1.463	1.872	5.399	8.734	0.765
19	박성광	대한민국 / 독일 유학중	1.507	1.896	5.340	8.743	0.774
20	이서현	대한민국 / 경기 수원	1.473	1.897	5.375	8.745	0.776
21	문성현	대한민국 / 안양 동안	1.441	1.880	5.426	8.747	0.778
22	조은진	대한민국 / 경북 구미	1.542	1.914	5.325	8.781	0.812
23	Michael Vanner	미국 / 뉴욕	1.460	1.918	5.450	8.828	0.859
24	Jaydyn Coggins	호주	1.523	1.871	5.440	8.834	0.865
25	Peter Ford	미국 / 로드 아일랜드	1.490	1.929	5.440	8.859	0.890
26	Austin Naber	미국 / 인디아나	1.544	1.885	5.447	8.876	0.907
27	Shawn Svento	싱가포르	1.525	1.995	5.364	8.884	0.915
28	Chu-Chun Yang	타이완	1.527	1.982	5.397	8.906	0.937
29	Son Nguyen	독일	1.538	1.952	5.427	8.917	0.948
30	Dalton Nichols	미국 / 플로리다	1.518	1.968	5.440	8.926	0.957
31	Ivan Leaw Yi Onn	말레이지아	1.576	1.959	5.401	8.936	0.967
32	Kareef Ullah	미국 / 매릴랜드	1.529	1.981	5.429	8.939	0.970
33	Brandon Low Ka Ming	말레이지아	1.514	1.978	5.481	8.973	1.004
34	도유진	대한민국 / 부산 부산진	1.548	1.930	5.541	9.019	1.050
35	Felix Zarbock	독일	1.479	1.947	5.630	9.056	1.087
36	Ben Flighty	뉴질랜드	1.434	2.010	5.613	9.057	1.088
37	최예은	대한민국 / 경기 안산	1.550	1.971	5.556	9.077	1.108
38	Evan Cloud	미국 / 텍사스	1.552	1.998	5.530	9.080	1.111
39	Chin Kang Yu	말레이지아	1.426	1.890	5.766	9.082	1.113
40	Liew Zi Hin	말레이지아	1.587	2.005	5.494	9.086	1.117

스포츠스태킹 세계 기록 순위

2018년 10월 31일 기준

순위	이름	국적/지역	3-3-3	3-6-3	사이클	종합	차이
41	Markus Maiwald	독일	1.556	1.988	5.583	9.127	1.158
42	정민재	대한민국 / 전북 군산	1.623	1.992	5.517	9.132	1.163
43	Zhewei Wu	미국 / 펜실베이나	1.561	1.946	5.634	9.141	1.172
44	Trey Griffith	미국 / 텍사스	1.549	2.011	5.627	9.187	1.218
45	Tian Jian Ming	말레이지아	1.502	2.014	5.672	9.188	1.219
46	Chandler Miller	미국 / 펜실베이나	1.482	1.946	5.763	9.191	1.222
47	박성진	대한민국 / 서울 금천	1.553	1.947	5.701	9.201	1.232
48	He Hsieh	타이완	1.520	2.010	5.707	9.237	1.268
49	Pannawit Chalermlertpanya	태국	1.626	1.976	5.645	9.247	1.278
50	Jui-Hu Huang	타이완	1.573	2.027	5.663	9.263	1.294
51	Caleb Arthur	뉴질랜드	1.583	2.031	5.654	9.268	1.299
52	이희준	대한민국 / 충남 서산	1.633	1.934	5.713	9.280	1.311
53	조윤상	대한민국 /	1.586	1.948	5.754	9.288	1.319
54	Justin Hernandez	싱가포르	1.594	2.086	5.609	9.289	1.320
55	Collin Bong Kang Lin	말레이지아	1.546	2.072	5.683	9.301	1.332
56	Wong Jun Xian	말레이지아	1.546	2.072	5.683	9.301	1.332
57	오도현	대한민국 /	1.512	1.990	5.812	9.314	1.345
58	Kian Lynch	미국 / 델라웨어	1.520	1.921	5.873	9.314	1.345
59	박세령	대한민국 / 제주	1.589	2.047	5.682	9.318	1.349
60	Mike McCoy	미국 / 뉴욕	1.582	2.059	5.687	9.328	1.359
61	정택훈	대한민국 / 전북 전주	1.565	1.969	5.814	9.348	1.379
62	Jacob Nevin	미국 / 캘리포니아	1.654	2.022	5.681	9.357	1.388
63	Naoki Sekine	미국 / 뉴욕	1.510	2.058	5.793	9.361	1.392
64	오도성	대한민국 / 부산	1.466	1.998	5.898	9.362	1.393
65	Isai Palacios	미국 / 플로리다	1.567	1.967	5.832	9.366	1.397
66	Nathan Carter	뉴질랜드	1.522	2.034	5.811	9.367	1.398
67	이진완	대한민국 / 서울 양천	1.662	2.005	5.702	9.369	1.400
68	Zachary Weisel	미국 / 펜실베이나	1.662	2.008	5.719	9.389	1.420
69	Joel Bolivar	캐나다 / 온타리오	1.539	1.971	5.883	9.393	1.424
70	김민준	대한민국 / 서울 양천	1.638	2.065	5.697	9.400	1.431
71	Javier Reyes	미국 / 플로리다	1.557	2.041	5.811	9.409	1.440
72	Spencer Lathe	미국 / 미네소타	1.660	2.055	5.706	9.421	1.452
73	Alonzo Miguer G. Ramos	필리핀	1.544	1.937	5.947	9.428	1.459
74	Ander Rubio	미국 / 캘리포니아	1.623	2.123	5.690	9.436	1.467
75	민인기	대한민국 / 서울 광진	1.562	2.030	5.862	9.454	1.485
76	Liam McGovern	미국 / 뉴욕	1.558	1.929	5.971	9.458	1.489
77	Yong Xiang Jun	말레이지아	1.539	2.056	5.865	9.460	1.491
78	Sarina Wang	뉴질랜드	1.553	2.104	5.808	9.465	1.496
79	Irampehl Thesalonica Calibo	필리핀	1.579	2.046	5.842	9.467	1.498
80	Phuriwat Flores	태국	1.528	1.895	6.045	9.468	1.499

08
봉사활동도 챔피언

　대구 동성로 8차선 도로를 막고 진행하는 '컬러풀대구페스티벌'은 버스킹, 거리예술제, 컬러풀 퍼레이드, 컬러풀 예술장터, 체험이벤트 등이 마련되어 있다. 그중에서도 길거리 버스킹은 시민들의 인기를 실감할 수 있는 공연이다. 30도가 넘는 불볕더위에 지친 시민들이 길거리에서 재미없는 공연에 아량을 기대하기는 어렵기 때문이다. 최현종 군의 스포츠스태킹 공연에는 구름떼처럼 몰려든 대구 시민들로 현종 군의 모습을 바라보기조차 어려울 지경이다. 이런 공연에는 아버지의 재치 있는 입담과 몰래 준비한 선물도 큰 몫을 했다고 한다.

스포츠스태킹을 알리는데, 누구보다도 앞장서서 뛰어다닌 건 현종 군과 아버지라고 할 수 있다. 대회마다 빠지지 않고 출전하는 것도 스태커들에게 자신을 보여줘야 한다는 사명감 때문이다. 물론 다른 스태커들처럼 대회에서 기록이 나쁘면 화가 나거나 실망하기도 한다. 그러면서도 마음을 다시 추스르는 건 스포츠스태킹에 대한 열정과 애정 때문이다.

공연장에서 현종이 아버지는 매니저겸 사회자로 변신한다. 4년 넘게 100여 번의 공연을 하다 보니 전문사회자 뺨치는 노련미를 갖추셨다. 멘트까지 직접 작성해서 다니셨다니 "대단하다."는 말만 연신 터져 나왔다.

"미국에서 만들어진 지 30년, 우리나라 들어온 지 10년"이라고 운을 떼며 현종이 아버지는 "설명을 듣고 안 듣고는 느끼는 게 천지 차이"라고 강조한다. 또한, "좌우 뇌가 골고루 함께 발달할 수 있는 스포츠"라는 소개와 함께 "아직은 비인기 종목이지만, 큰 비용이 들지 않고, 혼자 노력하면 되는 스포츠"라고 깨알 같은 홍보도 잊지 않는다. 그러면서도 정작 본인은 "나는 스트레스 받아 이틀 만에 포기했다. 아무나 다할 수 있는 건 아니더라."는 솔직한 심정을 털어놓아 관중의 공감을 끌어낸다.

　현종이와 아버지는 경상북도 체육교사 직무연수를 비롯해 전국 교육청 연수에서도 공연을 선보였다. 교육청 연수에 참여한 교사들에게 학교 현장에서 활용하는 사례를 설명하면 "깜짝 놀란다."고 한다. 최근에는 미세먼지 영향으로 학부모들도 학생들의 실내 활동을 선호하는 추세라 이에 대한 해결책으로 스포츠스태킹이 주목을 받고 있다고 설명하면 큰 관심을 보인다고 한다. 특히 작년부터 청송 관내 초등학교에 방과후 수업으로 스포츠스태킹이 생겼다는 사실을 가장 자랑스러워하셨다.

09

축하메시지

09

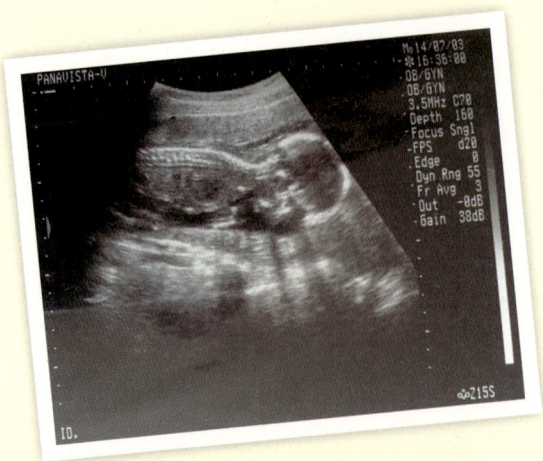

2003년 초에 꿈을 꾸었는데, 노무현 대통령 부부가 우리 미용실에 들르셨어요. 반짝이 양복을 입으신 노무현 대통령은 미용실로 들어오시면서 "머리를 자르러 왔습니다."고 밝은 얼굴로 말씀하시는 거예요. 대통령이 오셔서 많이 놀랐죠.

떨리는 손을 진정하며 겨우겨우 머리를 잘라 드렸어요. 괜찮다는 저의 두 손에 대통령은 머리 자른 값이라며 돈을 꼭 쥐여주고 가셨어요. 꿈이 너무 신기해서 주변에 얘기했더니 "대통령이 나오는 꿈은 길몽"이라며 다들 좋은 일이 생길 거라고 하시더라고요.

그래서 '뭔가 좋은 일이 생기려나. 복권이라도 하나 사볼까?' 하는 마음에 얼른 복권가게로 가서 복권을 한 장 샀어요. 그리고 일주일을 복권에 당첨된 상상을 하면서 꿈에 부풀어 지냈죠. 복권 추첨이 있던 토요일 저녁, 평소보다 조금 일찍 가게 문을 닫고 귀가해서 TV를 켰어요.

아쉽게도 결과는 "꽝".

난생처음 꿈에 대통령까지 나왔는데 '꽝'이라는 사실에 실망감이 이만저만이 아니었어요. 그런데 며칠 뒤, 속이 너무 더부룩하고 메스꺼워 평소 안 마시는 탄산음료를 먹어도 낫지 않아 혹시나 하는 마음에 병원을 찾았는데… 세상에나 '임신'이라는 거예요. 바로 '현종이'를 갖게 된 것이죠.

나중에 알고 보니 꿈에 대통령이 나오는 태몽은 그 애가 자라서 '세계적인 인물이 되는 꿈'이라는 걸 알았어요. 그래서 현종이가 커서 큰 인물이 되려나 보다 하면서 살아왔는데, 사소하게 보이는 '컵' 하나로 세계적인 인물이 되었다는 게 너무 신기했어요.

아무래도 자식이 잘되길 바라는 부모의 욕심으로는 자식의 객관적인 장점을 끌어내기 어려운 것 같아요. 그런데 코치님이 객관적인 눈으로 얘기를 해주시니 반성하는 시간이 되었어요.

사실 이곳 청송은 문화적으로 조금 부족한 환경이라서 해줄 수 있는 게 별로 없어 미안한 마음이 커요. 모든 부모가 그렇듯 아이들을 위해서 하루하루 소중한 날이 되도록 늘 기도하고 있습니다.

축하메시지

엄마만큼 어느덧 훌쩍 자란 현종이. 부쩍 자랐고, 의젓하기도 하지만,
시골에서 문화적인 혜택을 못 주는 것 같아 미안한 마음을 '기도'로 달래고 있다.

TV를 보고 종이컵으로 시작하는 현종이, 그런 오빠랑 같이하는 하은이가 너무 귀여워 휴대전화로 동영상을 찍었거든요. 나중에 그게 방송에도 쓰이고, 이렇게 책에도 쓰일 줄은 꿈에도 몰랐어요. 물론 초반에는 공부 안 하고 컵만 하려는 현종이에게 뭐라고 야단도 쳤었죠. 그런데 어쩌겠어요. 자기가 좋다고 저렇게 하는데. 그러면서 첫 대회부터 1등하고 오더니 세계기록도 세우고, 방송에도 나오고, 제대로 재능을 찾은 것 같아 좋더라고요.

　　원래 현종이가 저를 닮아서 끼가 있다는 건 짐작했어요. 초등학교 3학년 때, 학교에서 체육대회를 했는데, 응원단장이라고 전교생 앞에서 춤추면서 응원하는 거 보고 눈치챘죠. '현종이는 뭐가 되도 되겠구나.' 그때부터 뭐 하나에 꽂히면 끝까지 하려는 근성을 보이더라고요. 청송에서 두 시간 버스 타고 대구로 나가서 혼자 볼링 치고 오는 애예요.

　　요청이 들어오는 공연만 다니기에도 시간이 모자랄 지경이에요. 공연하러 다

니다 한 번은 '현종이 학교 그만두게 하고 같이 전문적으로 공연하러 다녀볼까?' 하는 생각을 했을 정도였어요. 그만큼 가능성이 있어 보였거든요. 학생이 공부하는 게 본분이라는 믿음에 생각에 그쳤지만, 현종이를 생각해서 유학을 보내기로 한 건 '영어'에 대한 중요성을 알고 있기 때문이에요. 그리고 스포츠스태킹의 종주국이 미국이니 현지에서 문화를 접하며 영어를 익히면 좋을 것 같아서요. 그래서 현종이 책이 있었으면 좋겠다는 바람을 가지고 있었죠.

이렇게 책이 나오게 되니 현종이 보다 기분이 더 좋아요. 아빠로서 현종이에게 가장 큰 걸 해줬다는 생각이 들고, 이걸 바탕으로 현종이가 자신의 꿈을 마음껏 펼칠 수 있을 것 같아요. 책 쓰시느라 고생하신 신동헌 코치님과 도움을 주신 모든 분께 이 자리를 빌려 감사드리고 싶습니다. 앞으로도 현종이 많이 사랑해주세요.

현종아, 세종이 형이야.

정말 대단하다. 이렇게 너를 위한 책까지 나오게 되니 형으로서 뿌듯하고, 대견하게 생각되는구나. 지금 군대에 있어서 직접 축하해주지 못해 미안하구나. 그렇지만 축하하는 마음은 그 누구보다 크다는 걸 알아주기 바란다.

내가 군인이 되어서 느끼는 건데, 모든 일에는 책임감이 따르는 것 같다. 책이 나와서 기쁘겠지만, 그럴수록 더욱 모범이 될 수 있도록 인격을 수련하는 게 중요한 거 같다. 어렸을 때부터 하나에 꽂히면 미친 듯이 하는 모습을 봐와서 잘 아는데, 현종이는 충분히 모범이 될 수 있는 선수가 될 거라고 믿는다. 현종아, 어디에서 무엇을 하든 최선을 다하고 자신감으로 임하길 바란다. 물론 너는 충분히 잘 해낼 수 있을 거라 믿는다. 현종아, 다시 한번 축하하고, 사랑한다.^^

오빠, 나 하은이야.

오빠 책 나오는 거 축하해. 스태킹 잘하는 거 보면서 대단하다고 생각했는데, 책까지 나오게 되어서 더 축하해.

미국 유학 가면 많이 보고 싶을 거야.

보고 싶을 때면 엄마랑 보러 갈 테니까 기다려.

연습하는 거 보면서 많이 놀랐는데,

챔피언이 되었을 때는 정말 대단하다고 생각했어. 오빠, 축하해~^^

William Orrell ▶ **Sport Stacking**
8월 13일 오후 1:28 ·

Hey guys I just wanted to shout a huge congrats to **Hyeon Jong Choi**. He recently beat me overall in sport stacking to become the fastest cup stacker on the web. I've been FOTW since 2013, so it is awesome to see a new face starting to dominate at sport stacking. Thanks to all those who supported me through my years of being number 1, but now it's time to let a more worthy stacker take the spotlight. Congrats Hyeon Jong Choi! You definitely deserve this!

👍 좋아요   💬 댓글 달기

 Angel Lynch님 외 **195명**

최현종에게 큰 찬사를 보내고 싶어요. 그는 최근 나를 제치고 웹에서 가장 빠른 컵 쌓기 스태커가 되었습니다. 나는 2013년부터 FOTW(Fastest on the Web)를 가지고 있었기 때문에 스포츠스태킹에서 새로운 인물이 군림하는 것을 보는 것은 멋진 일입니다. 제가 1위를 하는 동안 저를 지지해준 모든 사람에게 감사하지만, 이제는 좀 더 가치 있는 사람이 주목을 받게 해야 할 때입니다. 최현종 축하해요! 당신은 분명히 축하받을 자격이 있어요!

2018년 8월 13일
윌리엄 오렐

　현종아, 나 택훈이야. 우선 축하한다. 네가 책을 낸다니 나의 일처럼 설레고, 기쁘다. 연락도 자주 하고, 컵 시작했을 때부터 편하고 친하게 지내던 사이라서 이렇게 편지로 적는 게 많이 어색하네.ㅋㅋ

　우리가 초등학교 때부터 같이 나간 국제대회가 벌써 5개국이나 되었다니 시간 참 빠르다. 솔직히 네가 이렇게까지 세계적인 선수가 될 줄은 몰랐어.

　그런데 어느 날부터 엄청난 속도로 발전하더니 세계적인 선수들과 실력이 맞먹기 시작하더라. 그런 너를 보면서 반성도 많이 했고, 괜한 오기도 생겼어. 그때 그런 마음을 먹었기 때문에 나도 2014년부터 국가대표가 될 수 있었던 것 같아.

사실 스포츠스태킹이라는 스포츠가 사람들이 생각하는 것보다 엄청난 긴장감과 부담감을 주잖아. 그런 걸 극복하고 세계 챔피언에 오를 수 있다는 건 정말 대단한 거야. 너에게 티 내지는 않았지만, 너를 항상 존경스럽게 생각하는 이유야. 넌 챔피언으로 충분히 자격이 있어. 다시 한 번 축하한다.

앞으로도 같이 스태킹 즐길 수 있었으면 좋겠고, 스태킹도 발전하고 우리도 발전하면 좋겠다. 죽을 때까지 영원히 국가대표로 함께하자. Fighting, Stacking Forever!

너의 오랜 친구 정택훈

안녕하세요. 더스택스 TV의 총괄을 맡은 최이준입니다. 더스택스 TV는 2015년에 만들어져 꾸준히 스포츠스태킹을 주제로 영상을 만드는 그룹입니다. 현재 30명 정도의 스태커들이 소속되어 항상 새로운 콘텐츠를 선보이기 위해 열심히 활동 중입니다.

처음에는 그저 스태킹이 좋아하는 스태커 몇몇이 모여 소소한 영상을 찍기 시작했는데, 점점 조회수, 구독자수가 오르더니, 이제는 이 커뮤니티에서 모르는 사람이 없을 정도로 발전하여 뿌듯합니다. 최근에는 채널이 점점 알려지면서 '스포츠스태킹'의 매력도 홍보할 수 있어 아주 좋은 기회라고 생각합니다.

더스택스 TV에서 빼놓을 수 없는 아주 중요한 팀원이 한 명 있는데, 바로 스포츠스태킹 국가대표 최현종 선수입니다. 현종이를 처음 만난 것이 '2015년 캐나다 월드챔피언십' 때인데요, 처음 출전한 국제대회에서 긴장할 법도 한데 국가대항전 대한민국 대표선수로 나가서 열심히 컵을 쌓던 모습이 떠오릅니다.

그때는 정말 어린 신예 스태커였는데, 어느새 시간이 흘러 세계 신기록을 세우고, 선배가 되어가는 모습을 보니 제가 다 뿌듯합니다. 좋은 결과를 내는 게 쉬운 일도 아닌데, 국내대회나 국제대회에서 가장 많은 인파에 둘러싸여 경기하는 모습을 보고 있으면, 긴장감을 이기는 법을 어린 나이에 배운 게 대견할 따름입니다.

어느새 현종이가 이렇게 커서 책까지 출간하게 되었네요. 세계 최고의 자리까지 올라서기까지는 큰 노력과 연습이 있었을 겁니다. 성공할 때도 있었겠지만, 그만큼 실패를 극복해야 했던 시간도 많았겠지요. 독자들도 이 책을 통해 현종이의 발자국들을 따라가면서 그만의 과정을 함께 느꼈으면 좋겠습니다. 현종이의 앞날을 항상 응원하겠습니다. :)

10

언론 속 최현종

청송 도평초 최현종 군, 스포츠스태킹 국가대표 선발

     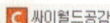

임경성기자

[경상매일신문=임경성기자] 청송군 도평초등학교(교장 이응관) 6학년 최현종 군<사진>이 스포츠스태킹 국가대표로 선발됐다.
지난달 28일 대한스포츠스태킹협회가 주관으로 부산시민공원 백산홀에서 열린 2015 세계스포츠스태킹 캐나다 월드 챔피언십 국가대표 최종선발전에서 최 군은 9.27초의 우수한 성적으로 남자부 개인종합 1위를 차지해 국가대표로 선발되는 행운을 안았다.
스포츠스태킹(Sports Stacking, 컵쌓기)은 12개의 스피드스택스 컵을 다양한 방법으로 쌓고 내리면서 기술과 스피드를 겨루는 스포츠 경기다.
개인전 종합우승을 차지한 최 군은 오는 내달 10~12일 캐나다 몬트리올에서 열리는 캐나다 월드 챔피언십 대회 출전권과 왕복항공권, 숙박, 출전경비 등과 300만 원 상당의 부상을 수상하게 됐다.

기사입력: [2015-03-03 20:37] 최종편집: ⓒ 경상매일신문   n

홈 > 스포츠·연예 > 생활체육

청송 도평초 6학년 최현종군 스포츠스태킹 국가대표 선발

기사입력 | 2015-03-04

청송도평초등학교 6학년 최현종군(가운데)이 스포츠스태킹 국가대표로 선발됐다.

청송도평초등학교 6학년 최현종군은 지난달 28일 부산 시민공원 백산홀에서 2015 세계스포츠스태킹협회 캐나다 월드 챔피언십 국가대표 최종선발전에서 9천270초의 우수한 성적으로 남자부 개인종합 1위를 차지함으로써 국가대표에 선발됐다.

스포츠스태킹(Sports Stacking, 컵쌓기)은 12개의 스피드스택스 컵을 다양한 방법으로 쌓고 내리면서 집중력과 순발력을 기르는 기술과 스피드를 겨루는 스포츠 경기이다.

최현종군은 개인전(3-3-3, 3-6-3, 사이클)에서 종합우승해 오는4월 10일에서 12일까지 캐나다 몬트리올에서 열리는 캐나다 월드 챔피언십 대회 왕복 항공권, 숙박 및 출전경비 일체 등 300만원 상당의 부상을 수상하게 됐다.

이응관 교장은 "미국·캐나다·독일 등 전 세계 54개국 선수들이 참가해 실력을 겨루는 국제적인 행사에 최현종 학생이 우리나라를 대표해 참가하게 되어 무척 기쁘다"며 "대한민국의 위상을 높일 수 있도록 남은 기간 동안 열심히 노력할 것"이라고 밝혔다.

김세종기자 kimsj@kyongbuk.com

교육 · 과학

스태킹(컵쌓기) 최현종(청송 도평초등) 加 챔피언십 국가대표로

배운철기자 2015-03-05

청송 도평초등 최현종군(6학년)이 스포츠스태킹(컵쌓기) 국가대표에 선발되어 오는 4월 캐나다 대회에 한국대표로 참가한다.

최군은 지난달 28일 부산 시민공원 벽산홀에서 열린 2015 세계스포츠스태킹협회 캐나다 월드 챔피언십 국가대표 최종 선발전에서 9,270초의 우수한 성적으로 남자부 개인종합 1위를 차지했다. 스포츠 스태킹은 12개의 스피드스택스 컵을 다양한 방법으로 쌓고 내리는 기술과 스피드를 겨루는 스포츠 경기이다.

최군은 개인전 종합우승으로 4월10~12일 캐나다 몬트리올에서 열리는 캐나다 월드 챔피언십 대회 왕복 항공권과 숙박, 출전경비 일체 등 300만원 상당의 부상을 받았다.

이응관 도평초등 교장은 "미국·캐나다·독일 등 전 세계 54개국 선수들이 참가해 실력을 겨루는 국제 행사에 최군이 우리나라를 대표해 참가하게 되어 무척 기쁘다"며 "대한민국의 위상을 높일 수 있도록 남은 기간 열심히 노력해 줄 것"을 당부했다.

청송=배운철기자 baeuc@yeongnam.com

[Copyrights ⓒ 영남일보. 무단 전재 및 재배포 금지]

2015.04.14

[이런일] '컵 쌓기' 국가대표 최현동 군에 격려금

🔍 [속보]개인회생자대출 최대 4천만원 당일 승인
🔍 신용제한없이 "국민"사채빚 갚아주는 정부정책

청송군 현동면 기관단체 및 주민들이 최근 <u>캐나다 몬트리올</u>에서 열린 2015 세계스포츠스태킹협회(WSSA) <u>캐나다 월드챔피언십</u>에 출전한 국가대표 최현동(도평초등학교 6학년) 군에게 격려금을 전달했다.

매일신문 공식트위터 @dgtwt / 온라인 기사, 광고, 사업 문의 imaeil@msnet.co.kr
ⓒ매일신문사, 무단 전재-재배포 금지

2015.04.14

청송군, 스포츠스태킹 국가대표 최현종 선수 6개 매달 획득

기사승인 [2015-04-21 16:54]

2015 세계스포츠스태킹협회(WSSA) 캐나다 월드챔피언십에 출전한 청송군 도평초등학교 최현종 학생이 경기를 치르고 있다. /제공=청송교육지원청

청송/아시아투데이 김정섭 기자 = 청송군 도평초등학교(교장 이용관)는 캐나다 몬트리올에서 열린 2015 세계스포츠스태킹협회(WSSA) 캐나다 월드챔피언십에 출전한 국가대표 최현종(6학년)군이 우수한 성적을 거두었다고 21일 밝혔다.

도평초에 따르면 대회에서 최현종 선수는 만 11세 남자부 개인 종목 결승에서 3-3-3은 1.687초로 4위, 3-6-3은 3.823초로 9위, 사이클은 6.295초로 3위를 했으며 만 12세 이하 더블 사이클 결승에서는 파트너(박성광)와 8.947초로 4위를 차지했고 만 14세 이하 팀 3-6-3 릴레이´는 14.296초로 1위를 했다.

최종적으로 전체 연령에서는 3위를 차지해 총 6개의 매달을 획득하는 쾌거를 이루었다.

최현종 학생은 "세계대회라 많이 떨려 실수한 것같아 아쉽지만 많은 관심과 응원 덕분에 대회를 잘 마치고 돌아왔다"며 "올해 말 아시아 대회, 내년 세계대회에서 이번보다 더 좋은 결과 있을 수 있게 열심히 하겠다"고 다짐했다.

이용관 도평초등학교장은 "세계대회에서 좋은 성적을 거두고 돌아온 것에 대해 아주 자랑스럽게 생각하며 대회 경험이 훗날 현종이의 성장에 아주 좋은 밑거름이 될 것이고 항상 기억에 남는 추억거리로 자리 잡았으면 좋겠다"고 말했다.

seop7555@asiatoday.co.kr

사람들 일반

청송 초교생, 스포츠스태킹 국제대회 3위
도평초 최현종 군 메달 6개 획득

  김종철기자 | kjc2476@kbmaeil.com

승인 2015.04.22

▲ 지난 17일 2015 WSSA 캐나다 월드스포츠스태킹 챔피언쉽 대회에 국가대표로 출전한 도평초 최현종 선수.

청송 도평초등학교(교장 이응관) 6학년 최현종 학생이 스포츠스태킹 국가대표로 지난 17일 2015 WSSA 캐나다 월드스포츠스태킹 챔피언쉽 대회에 출전해 우수한 성적을 거뒀다.

최현종 선수는 만 11세 남자부 개인 종목 결승에서 3-3-3은 1.687초로 4위, 3-6-3은 3.823초로 9위, 사이클은 6.295초로 3위를 차지했다.

또 만 12세 이하 더블 사이클 결승에서는 파트너(박성광)와 8.947초로 4위, 만 14세 이하 팀 3-6-3 릴레이는 14.296초로 1위를 차지했다.

최종적으로 전체 연령에서는 3위를 차지해 총 6개의 메달을 획득하는 쾌거를 이뤘다.

최현종 선수는 "세계대회라 많이 떨려 실수한 것 같아 아쉽지만 많은 관심과 응원 덕분에 대회를 잘 마치고 돌아왔다"며 "올해 말 아시아 대회, 내년 세계대회에서 이번보다 더 좋은 결과가 있을 수 있게 열심히 연습하겠다"고 다짐했다.

이응관 교장은 "세계대회에서 좋은 성적을 거두고 돌아와 아주 자랑스럽게 생각한다"며 "대회 경험이 훗날 현종이의 성장에 아주 좋은 밑거름이 될 것이고 항상 기억에 남는 추억거리로 자리 잡았으면 좋겠다"고 격려의 말을 아끼지 않았다.

청송/김종철기자 kjc2476@kbmaeil.com

〈 저작권자 ⓒ 경북매일 무단전재 및 재배포금지 〉

청송군 도평초등학교 최현종 학생 월드스포츠스태킹서 매달 6개 획득

김세중 기자 kimsj@kyongbuk.com | 2015년 04월 22일 수요일 제10면

▲ 2015 세계스포츠스태킹협회(WSSA) 캐나다 월드챔피언십에 출전한 청송군 도평초등학교 최현종 학생이 경기를 치르고 있다.

청송군 도평초등학교(교장 이용관) 6학년 스포츠스태킹 국가대표 최현종 선수가 지난 17일 2015 WSSA 캐나다 월드스포츠스태킹 챔피언십 대회를 마치고 돌아왔다.

이번 대회에서 최현종 선수는 만 11세 남자부 개인 종목 결승에서 3-3-3은 1천687초로 4위, 사이클은 6천295초로 3위를 했다.

만 12세 이하 더블 사이클 결승에서는 파트너(박성광)와 8천947초로 4위를 차지했지만 만 14세 이하 팀 3-6-3 릴레이는 1만4천296초로 1위를 차지해 최종적으로 전체 연령에서는 3위를 차지해 총 6개의 매달을 획득하는 쾌거를 이뤘다.

최현종 학생은 "세계대회라 많이 떨려 실수한 것같아 아쉽지만, 많은 관심과 응원 덕분에 대회를 잘 마치고 돌아왔습니다"며 "올해 말 아시아 대회 내년 세계대회에서 이번보다 더 좋은 결과 있을 수 있게 열심히 하겠다"고 소감을 밝혔다.

도평초등학교 교장 이용관은 "세계대회에서 좋은 성적을 거두고 돌아온 것에 대해 아주 자랑스럽게 생각한다"며 "대회 경험이 훗날 현종이의 성장에 아주 좋은 밑거름이 될 것이다"고 격려했다.

< ⓒ 경북일보 & kyongbuk.co.kr, 무단 전재 및 재배포 금지>

김세중 기자의 다른 기사보기

청송군인재육성장학회, 최현종군 장학금 수여

김세종 기자 kimsj@kyongbuk.com 2015년 05월 04일 월요일 제15면

청송군인재육성장학회가 지난달 28일 청송군청 제1회의실에서 2015년도 체육 특기 장학생으로 선발된 최현종(청송 도평초 6년·스포츠스태킹 국가대표) 학생에게 장학금 수여식을 가졌다.

<ⓒ 경북일보 & kyongbuk.co.kr, 무단 전재 및 재배포 금지>

김세종 기자의 다른 기사보기

Posted at 2015-05-26 17:03:34

2015 캐나다 월드챔피언십에 대한민국 대표선수로 출전한 스피드스택스국가대표 최현종 선수가 영재들만 출연한다는 "영재발굴단" 이라는 프로그램에 출연합니다! 왼손 오른손을 사용하는 스피드스택스는 좌뇌우뇌 활성화로 집중력이 향상되고, 학교스포츠클럽 종목이기도 합니다. 두뇌발달, 학습능력향상, 신체활동까지!!

방송시간 : 2015년 5월 27일 수요일 오후 08 : 55 ~
많은 시청 바랍니다.

스피드스택스 국가대표 최현종

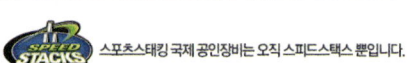

스포츠스태킹 국제 공인장비는 오직 스피드스택스 뿐입니다.

스포츠	**청송 도평초 최현종군, 태극마크 달아**
일반	전국생체 스포츠스태킹대회 男 1위 말레이 아시안 오픈 출전권 확득

김중철기자 | kjc2476@kbmaell.com

승인 2015.09.23

▲ 청송 도평초 스포츠스태킹 선수인 최현종군(왼쪽)과 조성래 교장.

청송 도평초등학교(교장 조성래) 최현종(6학년) 군이 최근 광주 김대중 컨벤션센터에서 열린 `2015 전국생활체육스포츠스태킹대회'에 남자부 1위(1차~3차)에 오르며 국가대표에 최종 선발과 2015 WSSA 말레이시아 아시안 오픈 스포츠스태킹 챔피언쉽 출전권을 따냈다.

이번 대회에서 최현종 선수는 앞서 치러진 1차 전국 서울대회, 2차 전국 대전대회에 이어 3차 전국 광주대회를 거쳐 종합점수 합산 기록 남자부 종합1위의 성적으로 국가대표 출전자격을 따냈다.

최현종 선수는 "지난 4월 캐나다 대회에서는 개인적으로 만족스럽지 못한 결과를 가지고 돌아왔지만 이번 말레이시아 대회에서는 제 자신도 만족하고 우리학교도 빛낼 수 있는 좋은 성적을 거두어 두 마리 토끼를 잡을 수 있었다"고 대회의 소감을 전했다.

조성래 교장은 "우리나라에서 좋은 성적을 거두며 국가대표가 된 만큼 책임감과 자긍심을 갖고 경기를 즐기면서 최선을 다해 말레이시아 대회를 임한다면 도평초등학교와 청송, 나아가 우리나라를 빛낼 수 있는 선수가 될 것"이라고 힘내라는 격려의 말도 전했다.

한편 최현종 선수가 참가하는 2015 WSSA 아시안 오픈 스포츠스태킹 챔피언쉽대회는 오는 11월 6일~8일 3일간 말레이시아에서 열릴 예정이다.

청송/김종철기자

kjc2476@kbmaell.com

< 저작권자 ⓒ 경북매일 무단전재 및 재배포금지 >

사람들 일반
스포츠스태킹 2년 연속 태극마크 달다
청송 현동中 최현종군, 獨 월드 챔피언십 국가대표 선발전 종합 3위

이정호기자 | ljh@hidomin.com

승인 2016.03.07

▲ 최현종군이 국가대표선발전에서 스포츠스태킹 경기에 몰두하고 있다.

[경북도민일보 = 이정호기자] 청송군 현동중학교(교장 이근중) 1학년 최현종군이 스포츠스태킹 국가대표로 2년 연속 선발됐다.

최 군은 지난달 21일 대한스포츠 스태킹협회의 주관으로 서울 청운초등학교에서 열린 '2016 WSSA 독일 월드 스포츠스태킹 챔피언십 국가대표 최종선발전'에서 1.519초의 우수한 성적으로 남자부 3-3-3 1위, 종합 3위로 입상해 국가대표로 2년 연속 선발되는 쾌거를 거뒀다.

'스포츠스태킹(Sports Stacking, 컵쌓기)'은 12개의 컵을 이용해 다양한 방법으로 쌓고 내리면서 집중력과 순발력을 기르는 기술과 스피드를 겨루는 경기이다.

한편, 최 군은 지난 '2015 WSSA말레이시아 아시아오픈 스포츠스태킹 챔피언십 최종선발전'에서도 남자부 개인종합 1위를 차지하는 등 각종대회에서 우수한 성적을 거둬 실력을 인정받은 바 있다.

< 저작권자 ⓒ 경북도민일보 무단전재 및 재배포금지 >

▶이정호기자의 다른기사 보기

청송 현동중 최현종君 '스포츠스태킹' 2년 연속 태극마크

(아시아뉴스통신=김철희기자)

기사입력 : 2016년 03월 09일 10시 19분

2년 연속 스포츠스태킹 국가대표로 선발된 최현종군이 상장과 메달을 들고 포즈를 취하고 있다.(사진제공=청송교육지원청)

경북 청송군 현동중등학교(교장 이근중) 1학년 최현종 군이 최근 스포츠스태킹 국가대표에 2년 연속으로 선발됐다.

'스포츠스태킹'은 12개의 컵을 이용해 다양한 방법으로 쌓고 내리며 기술과 스피드 등을 겨루는 스포츠경기로 집중력과 순발력 등을 기를 수 있는 운동이다.

최군은 지난달 대한스포츠스태킹협회 주관으로 서울 청운초등학교에서 열린 '2016 세계스포츠스태킹협회(WSSA) 독일 월드 스포츠스태킹 챔피언십 국가대표 최종 선발전'에서 남자부 종합 3위를 차지해 국가대표로 선발됐다.

[저작권자 ⓒ 아시아뉴스통신. 무단 전재 및 재배포금지]

대구/경북   홈 > 전국 > 대구/경북

현동中 최현종 군, 스포츠스태킹 독일 세계대회서 2개 종목 1위

온라인 기사 2016.04.08 19:53

사진=청송군 제공

[청송=일요신문] 김성영 기자= 청송군은 지난 1일부터 3일까지 독일 슈파아커스도프에서 열린 '2016 WSSA 독일 월드 스포츠 스태킹 챔피언십'에 국가대표로 참가한 최종현(청송 현동중 1)군이 신기록 2개를 세우며 2개 종목에서 각각 1위를 차지했다고 8일 밝혔다.

이번 대회에서 최군은 만12세 남자부 3-6-3에서 1.898초로 한국신기록을 세우며 세계 1위를 차지했으며, 릴레이 경기에서는 14.530초로 연령별 신기록을 세우며 1위를 석권하는 쾌거를 이뤄냈다.

이근중 현동중학교 교장과 김영기 현동면장은 우수한 성적으로 대회를 마무리하고 면사무소를 방문한 최군을 격려했다.

이번 대회는 세계 각국 300여명의 스태커들이 한자리에 모여 개인전, 더블, 릴레이, 스피드스택스 인터내셔널 챌린지 등 부문에서 각국의 명예를 걸고 혈전을 펼쳤다.

한편, 스포츠스태킹(SPORT STACKING, 컵 쌓기)은 12개의 스피드스택스 컵을 다양한 방법으로 쌓고 내리면서 집중력과 순발력을 기르는 기술과 스피드의 스포츠 경기다.

cuesign@ilyodg.co.kr

언론 속 최현종

CJ헬로비전 댓길이 경남통(通)

경북 청송 최현종 선수(현동중,만12세) 출연

2016 WSSA 독일 월드챔피언십 국가대표로 선발된

최현종 선수가 지난 5월 4일(수) CJ 헬로비젼의

댓길이 영남통(通)이라는 프로그램에 출연해 스포츠스태킹을 소개했습니다.

스포츠스태킹을 멋지게 소개해준 최현종 선수가 앞으로도

좋은 성적 거둘 수 있도록 많은 응원 바랍니다.

감사합니다.

'컵쌓기'로 세계 1위 오른 중학생, 최현종 군 인터뷰

"10살 때 처음 컵 쌓기를 접했어요. 배울 곳이 없어 유튜브 영상을 보면서 혼자 연습했죠."

컵 쌓기라고도 불리는 '스포츠 스태킹(Sport stacking)'. 그만큼 생소한 스포츠분이지만 최근 국내에서 대중적인 관심을 끈 경기가 있으며 한 중학생이 국가대표 선수로 출전한 국제 대회에서 정상에 올랐기 때문이다.

지난 4월 스포츠 스태킹 국가대표 최현종 군(경북 창윤 현동중)은 '2016 WSSA 독일 월드스포츠 스태킹 챔피언십'에서 세계 1위를 차지했다.

이날 최 군은 만 11세 3-3-3 종목과 3-6-3 종목에서 각각 우승하며 1.898초, 한국 신기록을 세웠다. 최 군은 5월에 열린 제8회 스피드스택스코리아 오픈 대회에서 1.849초를 기록해 자신이 세운 한국 신기록을 경신하기도 했다.

어린 나이에 스포츠 대회 세계 정상에 오른 최현종 군과 지난 13일 전화로 인터뷰를 했다.

- 안녕하세요, 간단한 자기소개 부탁드려요.
  스포츠 스태킹 국가대표 선수이자 경북 창윤 현동중학교 1학년에 재학 중인 최현종입니다.

- 스포츠 스태킹(컵 쌓기)이라는 운동을 간단히 소개해주세요.
  스포츠 스태킹은 최대 12개 컵을 쌓고 쓸어내서 기록을 경쟁하는 경기입니다. 현재 한국을 포함, 전 세계 28개국이 즐기고 있습니다.

  스포츠 스태킹 개인 종목에는 세 가지가 있다.
  1) 3-3-3 스택
     컵 9개를 3개씩 나누어 쌓고 내리는 경기
  2) 3-6-3 스택
     컵 3개, 6개, 3개로 나누어 쌓고 내리는 경기
  3) 사이클 스택
     3-6-3 스태킹으로 시작해 6-6 스태킹, 1-10-1 스태킹으로 끝내는 경기

- 스포츠 스태킹은 언제부터 시작했나요?
  지난 2012년, 초등학교 3학년(당시 10세) 때 시작했습니다. SBS 예능 프로그램 '스타킹'에 스포츠 스태킹 국가대표 강희진 선수가 출연하는 모습을 보고 '나도 해보고 싶다'는 생각이 들었습니다.

  처음에는 스태킹 컵(공식 명칭은 스피드스택스)이 없어 아이들이 가지고 놀이하는 컵을 가지고 연습했습니다. 그 모습을 본 어머니께서 '아들이 재미있어 하는구나' 알으시고는 인터넷을 통해 컵을 사주셨습니다.

- 스포츠 스태킹 기술은 어떻게 익혔나요? 학원 같은 곳이 있나요?
  서울이나 대도시에는 학원이나 연습장이 있지만, 내가 사는 지역에는 마땅찮습니다. 집에서 인터넷을 통해 영상을 검색하며 혼자 학합니다.

- 하루 평균 몇 시간 정도 연습하나요?
  평일에는 학교와 학원 공부가 있어서 많이 연습하지 못합니다. 대신 주말에는 최소 2시간, 최대 7시간 집중적으로 연습합니다.

- 스포츠 스태킹을 연습하면서 학교 수업과도 따라가려면 힘들지 않나요?
  힘듭니다. 평일에는 학교 끝나고 학원에 가다 보면 연습할 시간이 없습니다. 거의 주말에 맞아앉아 울어 연습하다 보면요... '쉬는 생각하게 됩니다. '누가 나보다 더 많이 연습해서 내 기록을 깰 수도 있겠다'는 생각도 참 신경이 많이 쓰입니다.

- 스포츠 스태킹 외에는 어떤 취미 활동을 즐기나요?
  스포츠 스태킹을 제일 좋아하긴 하지만, 피아노 치는 것과 친구들과 축구 경기 하는 것도 좋아합니다.

- 축구 같은 일반 운동과 다른 스포츠 스태킹만의 매력은 무엇인가요?
  축구나 같은 일반 운동은 공에 맞은 때 부딪치도 하고 다칠 수도 있는데, 스포츠 스태킹은 이에 비해 나름 기본 좋은 차분한 운동입니다.

  아주 미세한 차이로 기록이 갈리는 스태킹도 경기를 다득 끝맞춘이 하는 것 같습니다. 제 키에 가 자랄에 더 항상 건강하게 됩니다.

- 최현종 선수만의 스포츠 스태킹 스킬이 있나요? 남보다 빠른 기록 비결이 있나요?
  선수마다 컵을 잡아 올리고 내리는 방식이 조금씩 다릅니다. 선수들 대부분은 컵을 잡아 올릴 때 '신중해야겠다'는 생각이 먹어 조합합니다. 내 경우 속도를 조금 넘어 빠른 기록을 달성하려고 합니다.

- 단순 취미를 넘어서 '국가대표 선수가 되고 싶다'는 생각은 언제 하게 됐나요?
  2012년에 시작하고 1년 뒤인 2013년쯤 선수가 되고 싶다는 생각을 했습니다. 그때부터 '목표 연습을 한 것 같습니다.

  2014년 9월에 대구에서 열린 일반 스포츠스태킹 경기에 선수로 처음 참가했고, 2015년 2월 28일에 국가대표로 선발됐습니다.

- 지난 4월에 있었던 '2016 WSSA 독일 월드스포츠 스태킹 챔피언십' 경기 이야기를 좀 듣고 싶습니다.
  만 12세 부문 대한민국 대표로 세계 경기에 참가했습니다. 평소 가장 좋아하는 사이클 종목에서는 긴장을 많이 해서 예선전에만 탈락했습니다. 대신 3-3-3 종목과 3-6-3 종목에서 세계 1위를 달성했습니다.

- 1등 한 소감이 어때요?
  부모님도 같이 스포츠스태킹협회 회원 및 국가대표 선수들과 축하를 같이했습니다. 시차 적응 등 어려운 점이 많았지만 1등을 해서 스스로가 자랑스럽니다. (웃음)

- 아직 스포츠 스태킹이 많이 알려지지 않았는데, 국가대표 선수로서 아쉬운 점은 없나요?
  사실 아직 스포츠 스태킹 선수 말고는 아무도 나를 알아보지 않습니다. 그래도 국가대표 선수로서 따로 유튜브 채널을 개설해 경기 영상을 올려 적극적으로 홍보하고 있습니다. (☞최현종 선수 유튜브 채널 바로가기)

- 스포츠 스태킹 국가대표로서 각오 한 마디 해주세요.
  7월과 11월에 있을 또 다른 경기를 위해 결심하며 연습 중입니다. 앞으로도 국가대표로서 스포츠 스태킹 알리기 위해 물심히 활동하겠습니다.

[화제의 영상] '컵 쌓기' 국가대표 최현종…손이 눈보다 빨랐다

중학교 1학년의 나이로 '컵 쌓기' 국가대표 선수가 된 최현종 군이 화제다.

지난 19일 한 매체에 최현종 군의 영상이 SNS로 빠르게 퍼지면서 그의 동영상도 큰 관심을 불러 모았다.

영상 속 최 군이 선보이는 것은 일명 컵 쌓기라고 불리는데 정식 명칭은 '스포츠 스태킹'이다. 최 군은 지난 4월 독일에서 열린 '2016 WSSA 독일 월드스포츠 스태킹 챔피언십'에서 3-3-3종목과 3-6-3종목에서 최종 우승하여 세계 1위라는 타이틀을 가지고 있다.

자신의 주종목인 3-3-3과 3-6-3에 대해 설명해주는 최 군은 어린 나이에도 카리스마가 엿보였다. 특히, 빠른 손동작을 보여준 후 행하는 세리모니는 누리꾼들을 매료시킨다. 김동현 에디터

KBS 아침이 좋다

경북 청송 최현종 선수(현동중,만12세) 출연

2016 WSSA 독일 월드챔피언십 국가대표로 좋은 성적을 거뒀던

최현종 선수가 오늘 7월 28일(목) KBS의

좋은 아침입니다라는 프로그램에 출연해 스포츠스태킹을 소개했습니다.

스포츠스태킹을 멋지게 소개해준 최현종 선수가 앞으로도

좋은 성적 거둘 수 있도록 많은 응원 바랍니다.

감사합니다.

[엠빅뉴스] 중학생 국가대표, 컵 쌓기로 세계 1위에 오르다

[엠빅뉴스 엠빅뉴스]

컵을 쌓는가 싶더니 한순간에 정리.

빨리 감기도 아니고, 마술도 아닌 현란한 이 기술.

들어는 보셨나요?

'스포츠 스태킹'

12개의 컵을 다양한 방법으로 쌓고 내리면서 집중력과 순발력을 기르는 경기입니다.

영상 속 재빠른 손놀림의 주인공은 스포츠스태킹 세계 챔피언이자, 중학생 국가대표 '최현종 군'

최현종/스포츠 스태킹 국가대표

"안녕하세요, 저는 경상북도 청송군 1학년에 재학 중인 스포츠 스태킹 국가대표 최현종입니다. 반갑습니다."

10살 때 독학으로 시작, 올해 4월 독일에서 열린 세계대회에서 당당히 1위.

한국 신기록까지 세웠다는데요?

Q. 처음 시작하게 된 계기는 무엇인가요?

"처음에는 TV를 보고 시작하게 되었습니다. 제가 종이컵을 직접 구매해서 아무것도 모르고 컵을 쌓았는데, 여기에 재미를 느끼니까 어머님께서 그걸 보고 인터넷에서 (스태킹용) 컵을 사 주셨습니다."

Q. 우승을 예상했었나요?

"혹시 때는 전혀 예상도 못했어요. 그런데 제가 해보자 아직 모르니까 해보자 싶어서, 대회 파이널에 진출해서 용감하게 했는데, 한국 신기록이 나와서 굉장히 기뻤습니다."

집중하고 또 집중!

하루 7,8시간의 맹연습.

Q. 그 정도 연습하면 손목이 아플 것 같은데요?

"사실 스포츠스태킹을 8시간 정도 끝내고 어머님이 밥 먹으라고 하실 때, 숟가락을 물라고 하면 손에 힘이 없어요."

평범한 중학생에서 국가대표에 오르기까지 끊임없이 노력한 최현종 군.

Q. 스포츠 스태킹을 하고 어떤 점이 가장 달라졌나요?

"하기 전에는 (체계) 아무 능력이 없었어요. 사실. 손도 그렇게 빠르지도 않았는데, 모든 스포츠(축구 등)의 집중력도 좋아진 거 같아요."

Q. 앞으로 목표가 있다면 무엇인가요?

"이제 (제) 꿈은 스태킹 코치에요. (그리고) 스태킹 심판이에요. 스포츠 스태킹도 저보다 더 잘하는 사람이 없게 (제가 더) 열심히 했으면 좋겠습니다. 네. 그게 제 목표입니다."

[구성 : 변진경, 편집 : 양혁준]

[엠빅뉴스]와 친구가 되어주세요!

페이스북 : https://www.facebook.com/mbicnews

[뉴미디어뉴스국](저작권자(c) MBC 무단복제-재배포 금지)

Copyright(c) Since 1996, MBC&iMBC All rights reserved.

방송시간 : 2016년 9월 14일 수요일 오후 08:55

많은 시청 바랍니다.

스피드스택스 국가대표 최현종

 스포츠스태킹 국제 공인장비는 오직 스피드스택스 뿐입니다.

경상투데이   2016년 09월 22일 목요일
013면 사람들

스포츠스태킹 최현종, 영재발굴단 출연

4월 독일 월드컵 대회 1위

스포츠스태킹 국가대표인 최현종 (청송 현동중 1) 학생이 지난 14일 SBS 프로그램 '영재발굴단' 추석특집에 출연해 화제다.

SBS가 인기 예능프로그램 '영재발굴단 추석특집' 촬영을 위해 최현종 학생과 함께 도평초등학교를 방문했다.

스포츠 스태킹은 12개의 스피드 스택스 컵을 쌓고 내리면서 집중력과 순발력을 기르는 기술과 스피드의 운동 경기이다.

'손으로 하는 육상 경기'라고 불리기도 한다.

최 군은 올 4월 독일에서 열린 '2016 WSSA 독일 월드 스포츠스태킹 챔피언십'에서 1위를 차지한 바 있다.

조영국 기자 wdr1211@hanmail.net

한국의 경제뉴스통신사 - NSP통신

경북 학교체육 '어우름 한마당' 성황리 개최!

(입력) 2016-11-28 16:05:43 (수정) 2016-11-28 16:05:52
(태그) #경상북도교육청, #어우름한마당

(경북=NSP통신) 강신윤 기자 = 경북도교육청(교육감 이영우)은 지난 26일 안동여자중학교, 안동여자고등학교에서 '몸으로 즐기고, 마음으로 하나 되자'는 주제로 경북 학교체육 '어우름 한마당'을 성황리에 개최했다.

처음 열린 이번 '어우름 한마당'은 체육교육 거점학교인 안동여자중학교 주관으로 교육 선진국이 우선하는 체육교육 중요성을 재조명하고 교육 주체가 함께 어우러져 화합하고 체험하는 축제의 장이 됐다.

학생, 교사, 학부모 등 500여 명이 참가해 경북 체육교육 선도 교사들이 운영하는 3개 마당, 17개 체육활동 프로그램 부스에서 재미와 의미가 함께하는 체험 한마당이 펼쳐졌다.

특히 줄넘기와 농구 체험부스에서 많은 참가자가 머물렀고, 세팍타크로 체험(김천중앙고등)과 스포츠스태킹 세계대회 우승자 최현중(현동중 1년) 군이 운영하는 이색 체험 부스가 참가자의 눈길을 끌었다.

이백효 체육건강과장은 "어우름 한마당은 체육교육의 다양한 교육적 가치를 홍보하고 내실 있는 학교체육 활성화 방안을 모색하는 의미 있는 축제로 발전할 것이다"라고 했다.

NSP통신/NSP TV 강신윤 기자, nspdg@nspna.com
저작권자ⓒ 한국의 경제뉴스통신사 NSP통신·NSP TV. 무단전재·재배포 금지.

청송군, 스포츠스태킹 최현종 선수 대한민국 국가대표 발탁

김정섭의 기사 더보기▼ | 기사송인 2017. 03. 13. 10:40

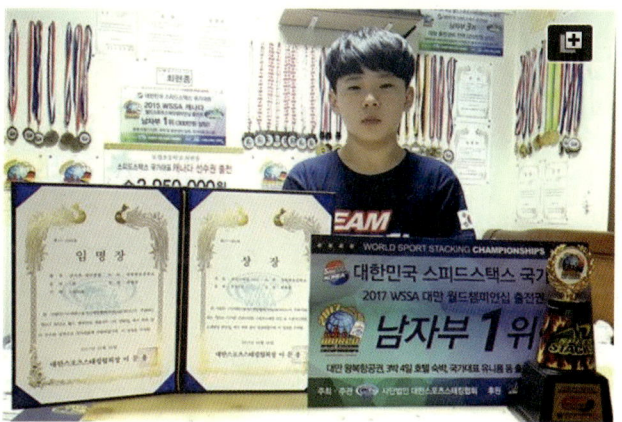

2017 WSSA 대만 스포츠스태킹 월드챔피언십 국가대표 선발전 종합 1위를 차지한 최현종 선수/제공=청송군

2017 WSSA 대만 스포츠스태킹 월드챔피언십 대회 참가

청송/아시아투데이 김정섭 기자 = 경북 청송군 현동중학교 최현종 선수가 2017 WSSA 대만 스포츠스태킹 월드챔피언십 국가대표 선발전에서 종합 1위를 차지해 대한민국 국가대표로 발탁됐다.

13일 군에 따르면 최현종 선수는 지난달 25일 서울에서 열린 3차 선발전에서 만 13~14세 남자부 3-3-3종목에서 1.407초로 한국신기록과 3-6-3종목은 1.784초로 세계신기록을 기록했다.

2017년 04월 19일 수요일 012면 스포츠

청송 현동중 최현종 '세계대회 우승'

'2017 대만 WSSA 월드스포츠스태킹 챔피언십' 출전

청송 현동중학교(교장 이근중)의 1학년에 재학 중인 국내챔피언 최현종 선수가 지난 14일부터 16일까지 열린 '2017 대만 WSSA 월드스포츠스태킹 챔피언십'에서 남자부 종합 3위, 국가별 Stack Out 남자부에서 우승을 차지했다.

스포츠스태킹은 12개의 컵을 이용해 다양한 방법으로 쌓고 내리며 기술과 스피드 등을 겨루는 스포츠경기로 집중력과 순발력 등을 기를 수 있는 운동이다.

최 선수는 국가대표로 이 대회에 3-3-3종목 출전해 1.374초로 한국신기록을 세우며 남자부 전체 1위를 차지했고, 3-6-3에서는 1.795초로 남자부 전체 1위, 사이클에서는 6.485초로 남자부 만 13세 부문 4위를 차지해 남자부 종합 3위에 입상하는 영예를 차지했다.

최 선수는 "3년 연속 국가대표로 선발돼 세계대회에 출전하게 되어 매우 영광입니다"라며 "이번 대회에서 좋은 성적을 거둘 수 있어서 기분이 너무 좋습니다"라고 소감을 말했다.

이장재 기자
sw4831@naver.com

최현종 청송 현동중 학생, 대만 스포츠스태킹 월드챔피언십 '종합3위'

임경성 기자 | ds5ykc@hanmail.net | 입력 : 2017년 04월 20일

🐦 트위터   f 페이스북   밴드   카카오스토리

청송군 현동중학교(교장 이근준) 1학년인 최현종 군이 지난 14일부터 16일까지 치러진 '2017 대만 WSSA 월드스포츠스태킹 챔피언십'에서 남자부 종합3위와 국가별 Stack Out 남자부 우승을 차지했다.

스포츠스태킹은 12개의 컵을 이용해 다양한 방법으로 쌓고 내리며 기술과 스피드 등을 겨루는 스포츠경기로 집중력과 순발력을 기르는 운동이다.

최현종군은 3-3-3 부문에서 1,374초로 한국 신기록을 세우며 남자부 전체 1위를 차지했고 3-6-3 에서도 1.795초로 남자부 1위, 사이클에서는 6.485초로 남자부 만13세 부문에서 4위를 차지했다.

최 군은 "3년 연속 국가대표로 선발돼 세계대회에 출전하게 돼 매우 영광이다"며 "앞으로도 좋은 성적을 거둘 수 있도록 더욱 노력하겠다"고 말했다. [경상매일신문=임경성기자]

↑↑ 현동중 최현종 군이 대만 WSSA 월드스포츠스태킹 챔피언십에서 우승하고 돌아와 학교에서 기념촬영을 하고 있다.

HOME > 지역뉴스 > 경북

청송 현동중 학생 최현종, 대만 WSSA 월드스포츠스태킹 월드챔피언십'종합 3위'

김시온 기자 | 승인 2017.05.01 15:08 | 댓글 0

▲ 청송 현동중 학생 최현종, 대만 WSSA 월드스포츠스태킹 월드챔피언십'종합 3위'

[업코리아] 스포츠스태킹 국가대표인 청송군 현동중학교 2학년 최현종 선수는 대만 WSSA 월드스포츠스태킹 챔피언십에 출전 3-3-3종목 세계 1위, 3-6-3종목 세계 1위, 스택아웃 세계 1위를 하는 쾌거를 이루었으며, 아쉽게도 싸이클 종목에서 실수로 세계종합 순위에서는 3위를 달성했다.

스포츠스태킹(Sports Stacking 컵쌓기)은 12개의 컵을 이용해 다양한 방법으로 쌓고 내리면서 기술과 스피드를 겨루는 스포츠경기이다.

최현종 선수는 5월 27일(토) ~ 28일(일) 대구 컬러풀 축제에 초대되어 길거리 버스킹을 하기로 예정되어 있으며, 국내에서는 연령별 종목별 전체 종합 1위를 기록하고 있고 3년간 국가대표를 유지하고 있다.

청송 현동중 학생 최현종, 대만 WSSA
월드스포츠스태킹 월드챔피언십 '종합 3위'

스포츠스태킹 국가대표인 청송군 현동중학교(교장 이근중) 2학년 최현종 선수는 대만 WSSA 월드스포츠스태킹 챔피언십에 출전 3·3·3종목 세계 1위, 3·6·3종목 세계 1위, 스택아웃 세계 1위를 하는 쾌거를 이루었으며, 아쉽게도 싸이클 종목에서 실수로 세계종합 순위에서는 3위를 달성했다.

스포츠스태킹(Sports Stacking 컵쌓기)은 12개의 컵을 이용해 다양한 방법으로 쌓고 내리면서 기술과 스피드를 겨루는 스포츠경기이다.

최현종 선수는 5월 27일(토)~28일(일) 대구 컬러풀 축제에 초대되어 길거리 버스킹을 하기로 예정되어 있으며, 국내에서는 연령별 종목별 전체 종합 1위를 기록하고 있고 3년간 국가대표를 유지하고 있다.

윤병학기자 gudgkr4455@nate.com

청송 최현종 군 "스포츠스태킹 챔피언은 나"

13세 남자부 1위…아시아 재패
남자부 전체 종합 4위 '주목'
"좋은 성적 거둬 매우 기쁘다"

임경성 기자 | ds5ykc@hanmail.net | 입력 : 2017년 11월 30일

> 트위터 페이스북 밴드 카카오스토리

청송군 현동중학교 최현종(2학년) 군이 지난 16일부터 19일까지 싱가포르에서 치러진 '2017 싱가포르 WSSA 아시안 스포츠스태킹 챔피언십'에서 13세 남자부 1위를 차지하면서 아시아를 재패했다.

스포츠스태킹은 12개의 컵을 이용해 다양한 방법으로 쌓고 내리며 기술과 스피드 등을 겨루는 스포츠경기로 집중력과 순발력을 향상시키는 운동이다.

최현종 군은 이번 대회에서 3-3-3부문에서 1,439초, 3-6-3에서는 1,901초, 사이클에서도 6,040초를 기록하며 3개 부문 모두에서 13세 남자부 1위를 차지했으며 남자부 전체로도 종합 4위(9,380초)를 기록하는 실력으로 주목을 받았다.

최현종 학생은 "매번 국가대표로 선발돼 영광으로 생각하며 좋은 성적을 거둘 수 있어서 매우 기쁘다"고 했으며 이 학교 이근중 교장은 "최군이 또 한 번 국제대회에서 좋은 성적으로 지역과 학교의 명예를 높여줘 고맙다"고 말하며 축하와 격려를 아끼지 않았다. [경상매일신문=임경성기자]

↑↑ 청송 현동중 최현종 군이 2017 싱가포르 WSSA 아시안 스포츠스태킹 챔피언십에서 13세 남자부 우승을 차지하며 수상하고 있다.
ⓒ 경상매일신문

임경성 기자 | ds5ykc@hanmail.net | 입력 : 2017년 11월 30일 다른기사보기

- Copyrights ⓒ경상매일신문. 무단 전재 및 재배포 금지 -

청송군, 최현종 학생 스포츠스태킹 세계신기록 수립

김정섭 기자 | 기사승인 2018. 02. 08. 10:06

2017-18 스피드스택스 월드챔피언십 챌린지 3차 (서울 코엑스)   2018.01.25 THU

청송군 현동중학교 최현종 학생(왼쪽)이 2017-18 WSSA 월드스포츠스태킹 국가대표 선발전에서 세계신기록을 수립하고 기념촬영하고 있다. /제공=청송군

경북 청송군 현동중학교 2학년 최현종 학생은 2017~2018 WSSA 월드 스포츠스태킹 챔피언십 국가대표 1차 선발전에서 세계신기록을 수립하며 1위를 차지했다.

8일 군에 따르면 최현종 학생은 3-3-3 종목에서는 1.335초를 기록하고 3-6-3 종목에서는 1.746초를 기록하며 두 개 종목에서 세계신기록을 수립해 한국의 위상을 높였다.

최현종군은 이번 선발전에서의 최고 성적을 바탕으로 세계대회에서도 좋은 성적을 낼 것으로 기대되고 있다.

최현종군은 "아직 1차 대회라 너무 들뜨기 보다는 침착하게 경기를 진행해 국내 1위로 세계대회에 나가겠다"고 말했다.

청송/ 김정섭 기자 seop7555@asiatoday.co.kr   ⓒ"젊은 파워, 모바일 넘버원 아시아투데이"

11

스태킹과 스태커

11

"덴버, 스포츠스태킹의 성지"

　미국 콜로라도주의 주도인 덴버는 스포츠스태킹 월드챔피언십 대회가 처음 열린 만큼 스포츠스태킹의 성지로 불린다. 2003년 4월 19일, 첫 월드챔피언십 대회가 덴버에서 열린 이래 2010년까지 이어졌다. 2003년부터 2006년까지는 당일로 대회를 치렀고, 2007년부터 2010년까지 이틀로 늘어났다. 지금 사용하는 대회 휘장은 2011년 텍사스주 갈런드 대회부터 시작되었다. 올해 4월, 월드챔피언십대회도 원래 덴버에서 열릴 예정이었는데, 플로리다주 중부의 올랜도에서 개최되었다.

▶ 출처 : www.google.com

 대회 초창기 주목할 만한 스태커는 역시 에밀리, 브래넌, 키트의 '팍스 패밀리'이다. 1987년 4월 23일 출생인 에밀리 팍스는 2002년 4월 사이클 7.43초와 3-6-3에 2.72초로 세계 신기록을 세웠다. 이 기록은 2006년까지 4년 넘게 유지되었다. 에밀리의 사이클 기록(7.43초)은 독일 대회에서 로빈이 7.41초로 단축한 이래, 데이비드 울프가 7.25초로 새로운 세계기록을 수립하면서 깨졌다.

　제임스가 8.68초로 사이클 부문 1등을 차지했었는데, 2012년 1월에 불의의 교통사고로 사망하여 스태커들이 그를 기리기 위한 대회를 열었지만, 지금은 없어졌다. 2003년부터 2004년까지는 3-6-3과 사이클 종목만 있다가, 2005년에 3-3-3과 더블(사이클)이 도입되었고, 2006년에 3-6-3 팀 시간릴레이와 팀 대항 릴레이가 도입되었다. 첫 대회에서 독일 팀이 시간릴레이를 16.17초를 세우며 우승하였다.

Steven Purugganan: The Legend

　　스티븐의 등장은 말 그대로 스태킹계에 '충격' 그 자체였다. 2007년 당시 9살이었던 스티븐 프루거넌(Steven Purugganan)은 10월 20일, 뉴욕대회에서 사이클(7.23초)과 더블(8.49초) 신기록을 동시에 세우면서 파란을 일으켰다. 2007년부터 스포츠스태킹은 스티븐 중심으로 재편되기 시작한다. 당시 시상식에서 밥 팍스 회장이 스티븐의 성을 발음하기 어려워해 이름 어려운 거로도 유명했다. 스티븐의 시대가 열렸다. 2014년 최현종의 시대가 시작된 것처럼.

2008년도 확실한 스티븐의 전성기였다. 3월 16일에 3-6-3에서 2.34초, 사이클 6.52초를 세우더니 4월 6일, 월드챔피언십 대회서 3-3-3 종목 1.86초, 사이클 6.21초의 세계신기록 수립하는가 하면, SOC에서 기존 기록을 갈아치우면서 완전한 스티븐의 세계가 열린다.

2009년 1월 3일, 스티븐은 전 세계에서 처음으로 사이클 5.93초를 기록하면서 첫 5초대 진입에 성공했다. 특히 3-6-3 세계신기록을 두 번이나 세우며 파란을 일으켰다. 스티븐은 2007년부터 2010년까지 4년 동안 29개의 세계신기록을 세우며 스포츠스태킹의 전설로 자리매김했다. 2014년에 릴레이 세계기록을 세운 팀의 선수였으나, 경기에 뛰지 않아서 30번째는 제외했다.

　2003년 이후 8번째인 '2010 WSSA 월드 스포츠스태킹 챔피언십'은 2010년 4월 13일~14일 이틀 동안 덴버 대학의 매그네스 아레나(Magness Atena)에서 열렸다. 이번 대회에는 독일팀 20명을 포함해 18개국의 대표선수 711명이 참여했는데, 미국 선수는 33개 주의 대표선수가 참여했다.

　2010년에는 규정에도 큰 변화가 생긴다. 더블다운(다운 스택을 할 때 두 모둠의 컵을 동시에 터치할 수 있는 것)이 허용되었으며, 탭(사이클에서 1-10-1 다운스택 할 때 양쪽 두 컵을 바닥에 부딪치고 다운하는 동작)이 없어진다.

이번 대회에서 역시 스티븐(12세)이 10초21을 기록하며 우승했다. 2위는 10.23초를 기록한 일리노이 출신의 체이스(Chase Werfel, 10세)가 차지했고, 뉴저지 출신의 로렌스(13세)가 10.48초로 그 뒤를 이었다. 팀 USA 멤버인 로렌스(Lawrence Maceren), 스티븐(Steven Purugganan), 존(John Harden), 루크(Luke Myers)로 구성된 "For the Win"팀이 3-6-3 시간릴레이에서 12.41초로 이전 12.72초에서 0.31초 앞당기며 세계기록을 세웠다. 팀 USA는 독일팀을 상대로 인터내셔널 챌린지에서 3년 연속 우승컵을 거머쥐었다.

이때 메릴랜드의 캐나드 가드너라는 스태커가 지역 대회에서 3-6-3을 2.08초를 기록하면서 세계신기록을 세우는 등 스태킹의 판도가 바뀌기 시작한다. 특히 테네시주 출신의 팀 USA 회원인 케네스 리아(Kenneth Liao, 10살)가 3-3-3에서 1.72초를 기록하며 이전 기록을 0.08초 앞당긴다. 독보적인 스태커가 없고, 잘하는 어린 스태커들이 등장한 소위 '스태킹의 춘추전국 시대'가 되었다.

　드디어 덴버를 벗어났다. '2011 월드챔피언십 대회'는 4월 16일~17일, 텍사스주 갈랜드에서 열렸다. 이번 대회에서 주목할 점은 혜성처럼 등장한 윌리엄 폴리다. 스태커 커뮤니티에서 윌리엄 오렐은 유명한 스태커 가운데 하나였다. 하지만 폴리는 달랐다. 알려지지 않았던 버지니아주 출신의 신예 윌리엄 폴리가 3-3-3에서 1.68초로 세계신기록을 세웠고, 3-6-3 2.11초, 사이클 6.4초의 기록으로 우승했다. 이번 대회는 윌리엄 시대를 알리는 예고편이었다. 특히 결승 파이널 경기 중 3-3-3에서 조쉬는 1.84초, 오렐도 1.84초, 챈들러 1.80초의 재미있는 장면이 연출된다. 박빙의 경기를 펼치는 장면이나 어린 시절의 앳된 모습을 보는 재미도 쏠쏠하다.

 2011년에도 규정에 변화가 생긴다. 3-6-3 팀 시간 릴레이에서 앞에 주자가 복귀할 때 다음 주자와 손을 터치하던 조항이 사라진다. 경기장 규격도 5피트에서 7피트로 늘어나면서 세계신기록을 재조정하게 된다. 그러다 보니 세계신기록이 쏟아졌다. 3-6-3 팀시간릴레이 세계신기록이 7~8번 정도 깨졌을 정도. 독일팀이 4번, 미국팀도 여러 번 신기록을 세웠는데, 최종전에서 14.44초로 미국팀이 우승을 차지한다.

"미국이 아닌 다른 국가에서 개최되는 첫 번째 월드 스포츠스태킹 챔피언십이 독일 부쯔바흐에서 열리게 된 것을 매우 기쁘게 생각합니다. 독일은 첫 스포츠스태킹 국제 대회를 개최하면서 많은 기회와 경험을 얻게 될 것입니다."

- 밥 팍스(Bob Fox), WSSA 회장

2012년 4월 14일~15일, 독일의 부츠바흐에서 열린 '2012 월드챔피언십' 대회는 미국을 벗어나 해외에서 열린 첫 월드챔피언십 대회이면서 우리 한국팀이 처음 출전한 대회였다. 부츠바흐는 스포츠스태킹 독일 대표팀의 본부가 있는 곳이다. 이번 대회에서 폴리는 세계신기록에 근접한 기록을 세우며 종합우승을 차지했고, 독일팀 인터내셔널 챌린지 릴레이 종목에서 우승했다.

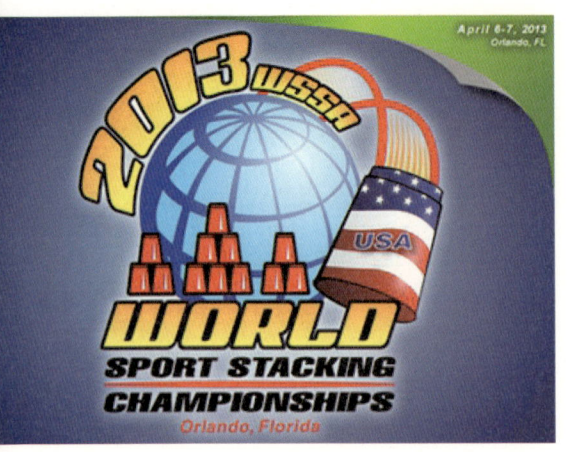 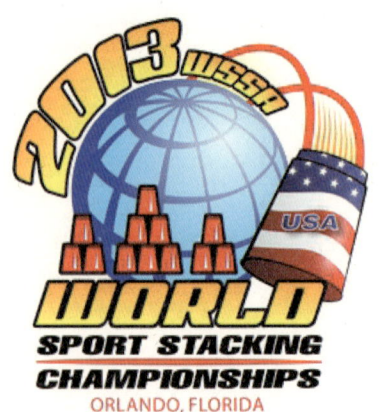

    2013년 월드챔피언십 대회는 미국 플로리다주 올란도에서 열렸다. 2013년 1월 1일부터 스택스 장비가 2세대에서 3세대로 전면 교체된다. 타이머와 토너먼트 디스플레이가 바뀌는데, 이때부터 기록이 소수점 2자리에서 3자리로 늘어난다. 2012년까지 소수점 세 자리로 표현할 경우 끝에 '0'을 붙였는데, 3-6-3 세계기록이 1.53초였다면 새로운 기록으로 1.537초가 나왔을 경우 새로운 기록으로 인정하거나 동점(타이)으로 처리하지 않고 느린 것으로 판정했다.

    윌리엄 폴리는 3-6-3 파이널 경기에서 스크래치로 종합기록이 없어서 아쉽게 우승을 놓치고, 조쉬 하인셀이 우승을 차지한다. 조쉬는 좀 잘하는 스태커로 커뮤니티에 알려진 상황이었으나 우승은 예상 못 했던 스태커. 폴리 시대의 변화를 암시하기 시작했다.

2013년 10월 12일~13일 태국 방콕에서 열린 '2013 아시안챔피언십' 대회에서 정재호 선수는 10.062초를 기록하며 개인종합 우승을 차지, 한국에도 잘하는 스태커가 있음을 각인시킨다. 정재호 스태커의 인기는 이때부터 시작되었던 것 같고, 강희준, 임원택, 채린, 백고은 등의 스태커가 세계적으로 이름을 알리는 계기가 되었다. 이로써 한국팀이 아시아에서 잘하는 나라에 들어간다는 걸 보여주는 대회였고, 타이완의 Chu-Chun Yang(Judy Yang) 선수의 등장도 눈여겨볼 만하다.

2014년 4월 16일, 304명의 목숨을 앗아간 '세월호 사건'의 아픔을 가슴에 품은 채 '2014 월드스포츠스태킹챔피언십' 대회가 4월 25일~27일까지 전주대학교에서 열렸다. 아시아에서 최초로 열린 이번 월챔 대회는 원래 서울에서 개최될 예정이었으나 외국 스태커들에게 한국의 다양한 문화를 체험할 수 있도록 여러 면을 고려해 전주로 장소가 바뀌었다는 얘기가 있다. 2014년 대회를 계기로 한국을 전 세계에 본격적으로 알리게 되었다.

이번 대회에서 정재호 선수가 전체 3등(9.669초), 채린 선수는 여자부 3등(11.495초), 여자부 우승은 타이완의 추춘양 선수가 차지했다. 종합우승은 미국의 조쉬 하인셀이 차지하면서 잘하는 스태커임을 증명하였고, 조쉬는 그 여세를 몰아 6월 7일에 필라델피아 대회에서 사이클 5.296초로 세계신기록을 수립한다.

　2014년 8월 22일~24일까지 타이완 뉴타이페이시티에서 열린 '2014 아시안챔피언십' 대회에서 우리나라 팀이 14세 이하 3-6-3 시간릴레이에서 1, 2, 3위를 휩쓰는 쾌거를 이룬다. 고호 선수와 채린 선수가 출전한 12세 이하 더블 경기에서 7.474초로 우승을 차지했고, 김규림 선수는 10.966초로 여자 개인종합 2위를 기록했다. 아쉽게도 강희준 선수는 개인종합 6위(10.912초), 정재호 선수는 10위(11.469초)에 그쳤지만, 정재호 선수의 인기를 실감할 수 있었던 대회였다.

　2015년 11월 6일~8일, 말레이시아 쿠알라룸푸르에서 열린 '2015 아시안오픈 스포츠스태킹챔피언십' 대회에서 당시 안산 선부중학교에 다니던 최예은 선수가 9.752초를 기록하며 개인종합 3위를 차지했는데, 사이클은 5.936초로 한국 신기록을 세웠다. 특히 잠신초등학교에 재학하던 김시은 선수는 3-3-3에서 1.599초로 한국 신기록과 3-6-3에서 2.019초로 세계 신기록을 수립했다. 최현종 선수는 10.107초로 남자부 4위를, 정재호 선수는 10.172초로 6위, 정택훈 선수는 10.511초로 9위를 차지했다.

　2016년 4월 1일~3일까지 독일 슈파이셔스도르프에서 열린 '2016 월드챔피언십' 대회는 조은진 선수의 두각이 돋보였다. 조은진 선수는 10.024초로 여자 개인종합 우승을 차지했다. 아울러 정민재 선수는 첫 국가대표로 참여한 대회에서 9.855초로 남자부 개인종합 3위에 올랐다. 남자부 개인종합 우승은 말레이시아 이안(Chan Keng Ian)이 차지했고, 인터내셔널 챌린지에서 한국팀이 독일을 꺾고 우승하는 파란을 일으켰다.

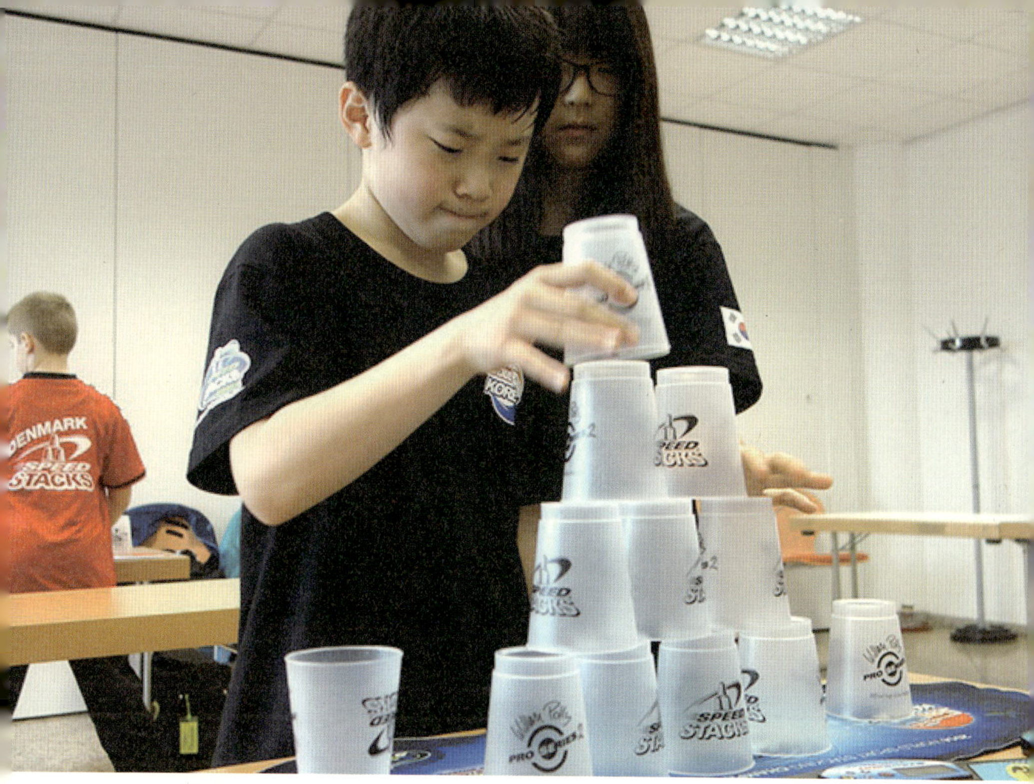
DENMARK
SPEED STACKS
SPEED STACKS

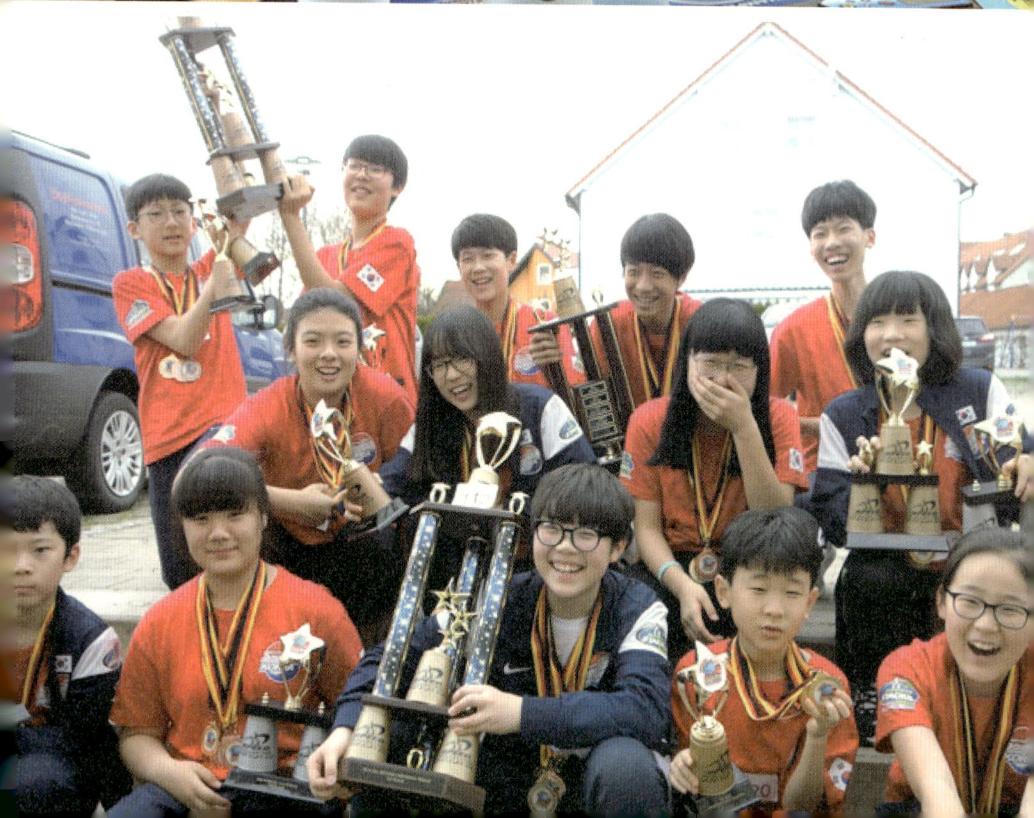

　2016년 11월 4일~6일, 서울시 잠실학생체육관에서 열린 '2016 아시안챔피언십' 대회에 공인심판으로 참가하여 스포츠스태킹의 매력을 마음껏 즐길 수 있었다. 정재호, 김시은 선수가 남녀 종합 1위를 차지했고, 최현종 선수는 3-6-3에서 1.841초로 한국 신기록을, 김시은 선수는 3-3-3에서 1.424초의 세계신기록을 세웠는데, 김시은 선수의 기록은 지금까지 깨지지 않고 있다.

2017년 4월 15일~17일, 타이완 가오슝에서 열린 '2017 대만 월드스포츠스태킹챔피언십', 한국팀은 청소년과 성인, 가족이 참가한 뜻깊은 대회였다. 개인적으로 국제대회의 자유분방한 분위기와 컵으로 어울리는 소통의 무대를 제대로 경험하였고, 가족 단위로 참가한 싱가폴, 미국, 호주, 독일, 말레이시아 등의 선수들이 정말 부러웠다. 스태킹을 시작한 이래 처음으로 결과 못지않게 과정을 즐기는 문화를 제대로 느낄 기회였다.

이번 대회는 두 번째로 아시아에서 열린 월드챔피언십 대회이며, 타이완도 우리나라에 이어 두 번째로 월챔과 아챔을 동시에 개최한 나라가 되었다. SOC(Stack of Champions)에서 최현종 선수는 3-3-3에 1.374초, 3-6-3에 1.795초, 김시은 선수는 3-6-3에서 1.883초가 나와 관중들의 환호를 받았다. 특히 아직도 큰 인기를 얻고 있는 대회 기념컵인 일명 '대만컵'은 사실 이름이 각인되지는 않았지만 추춘양 선수의 시그니쳐 컵이다.

11

　2017년 11월 17일~19일, 싱가포르에서 열린 '2017 아시안 스포츠스태킹 챔피언십' 대회. 김시은 선수의 실력을 재확인한 대회였고, 사이클 5.374초로 한국 신기록까지 세우며 남자부 2등을 차지한 류승지 선수도 돋보였다. 당시 고등학교 2학년으로 대회에 참가한 최이준 선수는 3-3-3에서 1.785초, 사이클 6.355초의 좋은 기록을 수립했다. 최현종 선수는 아쉽게도 4위(9.380초)에 그쳤다. 이번 대회에는 이전 대회보다 많은 국가에서 참여했고, 기념컵으로 나온 일명 '싱가폴컵'은 스태커들에게 큰 사랑을 받았고, 아직도 고가에 거래되고 있다.

'2018년 월드챔피언십 대회'는 지난 2013년에 이어 5년 만에 플로리다주 올란도에서 열렸다. 한국팀은 인터내셔널 챌린지 경기에서 미국과 2:0으로 아쉽게 지면서 준우승에 그쳤다.

이번 대회는 2009년을 기준으로 이전 세대와 이후 세대가 함께 어우러지는 마지막 대회였다고 할 수 있다. 1994년~1997년에 태어나 스태킹을 즐기던 스태커들이 돌아왔다. 이들은 대학에 진학하면서 아예 그만두거나 잠시 접었던 스태커들이다. 세대의 교체이자 융합을 보여준 뜻깊은 대회였다. 스태킹의 문화이자 철학은 '자유'를 근본으로 한 '도전, 협력, 조화'라고 할 수 있다. 1세대가 이러한 환경을 만들었다면 2세대는 이를 더욱 튼튼하게 만들어나가는 세대라고 할 수 있다. 스태킹은 아이들이나 가족이 자유롭게 즐기는 스포츠이다. 이를 절대로 잊어서는 안 된다.

12

스포츠스태킹과 진로

"코칭(Coaching), 개인이 지닌 능력을 최대한 발휘하여 목표를 이룰 수 있도록 돕는 일"

최근 미세먼지의 급증과 날씨 등의 영향으로 실외활동이 제한을 받으면서 실내 체육활동의 필요성이 늘어나고 있다. 때마침 스포츠스태킹은 신체접촉이 많지 않은 정적인 면과 동시에 동적인 활동을 수반하고 있어 그 활용범위가 다양하다. 스포츠스태킹 코치자격은 누구나 쉽게 취득할 수 있다.

19세(고3) 이상이면 누구나 5시간 동안 이론과 실습, 필기시험을 통해 코치자격에 지원할 수 있다. 필기시험 60점 이상이면 코치자격 신청이 가능하다. 하지만 자격은 자격일 뿐이다. 자격과 교육은 다르다. 현장에서 코치할 수 있느냐는 그다음 문제이다. 그러므로 코치는 교육을 위한 역량을 갖춰야 한다. 역량 강화는 다양한 방법이 있겠지만, 가장 쉬운 건 보조강사로 참여하는 방법이다. 보조강사는 강의현장의 모습을 카메라에 담거나 수강자들을 도와주는 단순한 보조역할에만 그치지는 않는다. 교육현장에서 수강자들의 반응이나 태도, 교구 및 교육환경의 상황을 파악하는데 때로는 주 강사보다 유리할 수 있다. 수업 개선에 훌륭한 피드백이 될 수 있기 때문에 보조강사의 역할은 중요하다.

스태킹을 즐기는 방법은 다양하다. 청소년들이 자신의 재능을 발휘할 기회와 방법을 제공하는 게 중요하다. "누구나 할 수 있지만, 아무나 할 수는 없다."는 말은 스포츠스태킹에도 통한다. 스태킹에 많은 시간을 투자하여 반드시 세계 챔피언이 되어야 하는 건 아니다. 자신만의 방법으로 즐기면 된다. 주니어코치 과정도 그 가운데 하나이다.

주니어코치는 리더십과 조직력, 상호존중과 배려 등의 능력을 기르는 과정이다. 초등학교 4학년 이상 고등학교 2학년 이하의 학생 누구나 참여할 수 있다. 5시간의 교육과정에는 이론과 실습으로 구성되어 있는데, 실기테스트와 소감문 발표 등이 포함되어 있다. 학급당(수정) 1명만 신청할 수 있도록 하여 무분별한 자격증 난립을 제한하고 있다.

여전히 청소년들 사이에서는 기록이 '대장'이다. 기록이 좋은 스태커들끼리 더블이나 릴레이팀을 만들려는 분위기가 있다. 기록을 따지는 스포츠이다 보니 어쩔 수 없다. 그렇지만 결국 1등은 한 팀이다. 1등이 목표가 아니라면 즐기는 편이 훨씬 긍정적이지 않을까. 그런 문화를 만드는데 주니어코치가 중요한 역할을 할 수 있다.

강습의 기회는 다양하다. 두드려야 문이 열리듯 '시도'해야 기회를 얻을 수 있다. (사)대한스포츠스태킹협회 누리집의 '지도자모집' 게시판을 공고를 참고하거나, 서울특별시교육청 방과후학교 홈페이지 (http://afterschool.sen.go.kr) 게시판의 구인공고를 활용하는 것도 방법이다.

또한, 지방자치단체의 공모사업을 활용하는 것도 좋다. 저자는 2016년부터 강서혁신교육의 '찾아가는 창의인성 체험학교' 사업으로 학교에서 강습을 진행하고 있다. 가장 큰 장점은 학교에서 처리할 행정업무가 거의 없다는 점이다. 교부받은 사업 예산은 주로 '강사비와 물품 구매비'로 쓰이는데, 컵이나 매트, 타이머 등을 사들여 해당 학교에 기증함으로써 학생들이 지속해서 스포츠스태킹을 즐길 수 있도록 하고 있다. 서울특별시교육청의 '학교와 마을이 만나는 교육공동체(SnS) 협력 활동 사업'도 마찬가지이다.

스포츠스태킹을 즐기기 위해서는 기본적인 물품이 필요하다. 이를 코치가 모두 가지고 다니기엔 부담일 수밖에 없다. 따라서 개인이나 기관, 단체, 학교에서 물품을 준비하고, 코치는 강습용 물품만 갖추어 수업을 진행한다면 편하게 많은 학교나 기관에서 활동할 수 있을 것으로 예상한다.

종목별 세계기록 변화

3-3-3 남자 3-3-3 World Record Progression(male)

순위	기록	이름	국적 / 대회장소	날짜
1	1.327	최현종	대한민국 / 서울 양천구	2018.09.16.
2	1.335	최현종	대한민국 / 경기 고양시	2017.12.10.
3	1.363	William Orrell	미국 / Eatonton, GA	2015.11.14.
4	1.418	William Orrell	미국 / Wheeling, WV	2015.02.07.
5	1.424	William Orrell	미국 / Philadelphia, PA	2014.06.07.
6	1.436	William Orrell	미국 / Kingston, GA	2014.03.15.
7	1.472	William Orrell	미국 / Wheeling, WV	2014.02.08.
8	1.482	Chandler Miller	미국 / Philadelphia, PA	2013.05.25.
9	1.53	Chandler Miller	미국 / Columbus, GA	2012.02.11.
10	1.59	William Orrell	미국 / Columbus, GA	2012.02.11.
11	1.63	Chandler Miller	미국 / Beaufort, SC	2011.11.17.
12	1.68	William Polly	미국 / Dallas, TX	2011.04.16.
13	1.69	Chandler Miller	미국 / Rome, GA	2011.03.19.
14	1.71	Tyler Cole	캐나다 / Connersville, IN	2011.03.12.
15	1.72	Kenneth Liao	미국 / Denver, CO	2010.04.11.
16	1.80	Steven Purugganan	미국 / Cleveland, OH	2009.01.03.
17	1.86	Steven Purugganan	미국 / Denver, CO	2008.04.06.
18	1.96	Steven Purugganan	미국 / Laurel, DE	2008.02.16.
19	2.11	Timo Reuhl	독일 / Denver, CO	2007.04.15.
20	2.22	Timo Reuhl	-	2006.11.11.
21	2.31	Yannick Zittlau	독일 / -	2006.10.23.
22	2.43	Kit Fox	미국 / Denver, CO	2005.04.09.

▶ 참고 : https://en.wikipedia.org/wiki/Sport_stacking_world_records#Male

종목별 세계기록 변화

3-3-3 여자 3-3-3 World Record Progression(female)

순위	기록	이름	국적 / 대회장소	날짜
1	1.424	김시은	대한민국 / 서울	2016.11.06.
2	1.527	Chu-Chun Yang	타이완 / New Taipei City	2016.10.02.
3	1.545	Chu-Chun Yang	타이완 / Houston, TX, USA	2016.07.29.
4	1.562	김시은	대한민국 / 서울	2016.02.21.
5	1.569	Chu-Chun Yang	타이완 / Kuala Lumpur, Malaysia	2015.11.08.
6	1.631	Chu-Chun Yang	타이완 / New Taipei City	2014.08.24.
7	1.674	Jeanie Fung	홍콩 / Mollina, Spain	2014.05.31.
8	1.683	Chu-Chun Yang	타이완 / New Taipei City	2012.02.11.
9	1.75	Jeanie Fung	홍콩 / Kuala Lumpur, Malaysia	2012.02.11.

종목별 세계기록 변화 3-6-3 남자 3-6-3 World Record Progression(male)

순위	기록	이름	국적 / 대회장소	날짜
1	1.746	최현종	대한민국 / 경기 고양시	2017.12.10.
2	1.779	Chan Keng Ian	말레이지아 / Subang Jaya	2017.06.04.
3	1.784	최현종	대한민국 / 서울	2017.03.06.
4	1.786	Josh Hainsel	미국 / Columbus, GA	2017.01.07.
5	1.793	William Orrell	미국 / Eatonton, GA	2015.11.14.
6	1.824	William Orrell	미국 / Beaufort, SC	2015.05.26.
7	1.840	Josh Hainsel	미국 / Connersville, IN	2015.02.28.
8	1.861	William Orrell	미국 / Columbus, GA	2015.01.31.
9	1.863	William Orrell	미국 / Philadelphia, PA	2014.06.07.
10	1.902	William Orrell	미국 / Kingston, GA	2014.03.15.
11	1.906	William Orrell	미국 / Advance, NC	2014.03.01.
12	1.911	William Orrell	미국 / Detroit, MI	2013.07.27.
13	1.932	William Polly	미국 / Wheeling, WV	2013.03.03.
14	1.96	William Polly	미국 / Colorado Springs, CO	2012.03.25.
15	1.96	Zhewei Wu	미국 / Kintnersville, PA	2011.03.26.
16	2.08	Kennard Gardner	미국 / Owings Mills, MD	2010.03.13.
17	2.15	Steven Purugganan	미국 / Denver, CO	2009.04.19.
18	2.19	Steven Purugganan	미국 / Philadelphia, PA	2008.11.21.
19	2.34	Steven Purugganan	미국 / Ridgewood, NJ	2008.03.16.
20	2.38	Steven Purugganan	미국 / Laurel, DE	2008.02.16.
21	2.57	Timo Reuhl	독일 / -	2007
22	2.72	Emily Fox	미국 / -	2001

종목별 세계기록 변화

3-6-3 여자 3-6-3 World Record Progression(female)

순위	기록	이름	국적 / 대회장소	날짜
1	1.835	김시은	대한민국 / 부산	2018.02.28.
2	1.852	김시은	대한민국 / 경기 고양	2017.05.27.
3	1.853	김시은	대한민국 / 서울	2017.02.25.
4	1.902	김시은	대한민국 / 경기 고양	2016.05.21.
5	1.946	김시은	대한민국 / Speichersdorf, Germany	2016.04.03.
6	1.996	Chu-Chun Yang	타이완 / Hsinchu City	2015.12.13.
7	2.016	김시은	대한민국 / Kuala Lumpur, Malaysia	2015.11.08.
8	2.042	Chu-Chun Yang	타이완 / New Taipei City	2015.06.06.
9	2.054	Chu-Chun Yang	타이완 / New Taipei City	2014.12.13.
10	2.109	Chu-Chun Yang	타이완 / New Taipei City	2014.08.24.
11	2.159	Chu-Chun Yang	타이완 / 대한민국 전주	2014.04.27.
12	2.203	백고은	대한민국 / 전주	2014.03.22.
13	2.224	Chu-Chun Yang	타이완 / New Taipei City	2014.01.18.
14	2.237	Anna Smith	미국 / Kissimmee, FL	2013.04.07.
15	2.25	Jill Claas	독일 / Pforzheim	2012.11.17.
16	2.33	Jackie Huang	캐나다 / Houston, TX, USA	2012.07.28.

종목별 세계기록 변화
사이클 남자 Cycle World Record Progression(male)

순위	기록	이름	국적 / 대회장소	날짜
1	4.813	William Orrell	미국 / Columbus, GA	2017.01.07.
2	5.000	William Orrell	미국 / Columbus, GA	2015.01.31.
3	5.100	William Orrell	미국 / Arington, VA	2014.11.08.
4	5.280	William Orrell	미국 / Des Moines, IA	2014.08.02.
5	5.296	Josh Hainsel	미국 / Philadelphia, PA	2014.06.07.
6	5.303	William Orrell	미국 / Towson, MD	2014.03.22.
7	5.487	William Polly	미국 / Middletown, DE	2014.02.15.
8	5.494	William Polly	미국 / Baltic, CT	2013.11.02.
9	5.595	William Polly	미국 / Towson, MD	2013.03.24.
10	5.617	William Orrell	미국 / Advance, NC	2013.03.16.
11	5.626	Son Nguyen	독일 / Stockstadt	2013.03.02.
12	5.68	William Orrell	미국 / Owings Mills, MD	2012.03.03.
13	5.83	William Orrell	미국 / Columbus, GA	2012.02.11.
13	5.83	Chandler Miller	미국 / Columbus, GA	2012.02.11.
15	5.84	William Polly	미국 / Laurel, DE	2012.02.11.
16	5.91	Mike McCoy	미국 / Baltic, CT	2011.12.03.
17	5.93	Mason Langendefer	미국 / Rochester, NY	2011.01.29.
17	5.93	Steven Purugganan	미국 / Cleveland, OH	2009.01.03.
19	6.21	Steven Purugganan	미국 / Ridgewood, NJ	2008.03.16.
20	6.52	Steven Purugganan	-	2008.03.16.
21	6.65	Steven Purugganan	미국 / Laurel, DE	2008.02.16.
22	6.80	Timo Reuhl	독일 / -	2008.02.09.
23	7.15	David Wolf	독일 / -	2007.11.17.
24	7.23	Steven Purugganan	미국 / Attica, NY	2007.10.20.
25	7.25	David Wolf	독일 / Denver, CO, USA	2007.04.17.
26	7.41	Robin Stangenberg	독일 / Butzbach, Germany	2006.11.25.
27	7.43	Emily Fox	미국 / Denver, CO	2002.04.06.

종목별 세계기록 변화

사이클 여자 Cycle World Record Progression(female)

순위	기록	이름	국적 / 대회장소	날짜
1	5.089	김시은	대한민국 / 서울 강남	2018.01.25.
2	5.245	김시은	대한민국 / 대전	2017.12.16.
3	5.246	김시은	대한민국 / 경기 고양	2017.12.10.
4	5.325	조은진	대한민국 / 경기 일산	2017.05.27.
5	5.397	Chu-Chun Yang	타이완 / New Taipei City	2016.10.30.
6	5.409	김시은	대한민국 / 대전	2016.07.27.
7	5.564	Chu-Chun Yang	타이완 / New Taipei City	2014.12.13.
8	5.714	Chu-Chun Yang	타이완 / New Taipei City	2014.08.24.
9	5.824	Chu-Chun Yang	타이완 / Bangkok, Thailand	2013.10.13.
10	6.44	Jackie Huang	캐나다 / Salaberry-de-Valleyfield	2012.04.28.

종목별 세계기록 변화

더블(사이클) Doubles World Record Progression

기록	이름	국적 / 대회장소	날짜
5.953	William Orrell William Polly	미국 / Montreal, Canada	2015.04.12.
6.209	Son Nguyen Nicolas Werner	독일 / Butzbach, Germany	2015.01.17.
6.281	정재호 김시우	대한민국 / 세종시	2014.07.19.
6.435	Son Nguyen Nicolas Werner	독일 / Butzbach, Germany	2013.11.16.
6.53	Ryan Powell Timo Reuhl	독일 / Speichersdorf, Germany	2012.09.29.
6.78	William Polly Dominic Valerian	미국 / Rochester, NY	2012.01.28.
6.84	Ryan Powell Timo Reuhl	독일 / Crailheim, Germany	2011.10.22.
7.00	Bien Nguyen Son Nguyen	독일 / Speichersdorf, Germany	2011.10.01.
7.09	Ryan Powell Timo Reuhl	독일 / Dallas, TX, USA	2011.04.16.
7.47	Jonathan Kettler Samuel Kettler	독일 / Salzkotten, Germany	2011.02.26.
7.47	Jonathan Kettler Samuel Kettler	독일 / Butzbach, Germany	2009.11.14.
7.47	Tyler Cole(CAN) Luke Myers(USA)	Quincy, IL, USA	2009.09.19.
7.58	Andrew Purugganan Steven Purugganan	미국 / Denver, CO	2009.04.19.
7.65	Timo Reuhl David Wolf	독일 / Denver, CO, USA	2008.04.06.
7.84	Andrew Purugganan Steven Purugganan	미국 / Laurel, DE	2008.02.16.
8.03	Timo Reuhl David Wolf	독일 / Butzbach, Germany	2007.11.17.
8.49	Andrew Purugganan Steven Purugganan	미국 / Attica, NY	2007.10.20.
8.78	Colin Stangenberg Robin Stangenberg	독일 / Denver, CO, USA	2007.04.15.
9.40	Miriam Christ Christoph Sauer	독일 / -	2007.02.28.
9.97	Chase Demelio Andy Retting	미국 / Denver, CO	2005.04.09.

종목별 세계기록 변화

3-6-3 팀 시간 릴레이
3-6-3 Relay World Record Progression

기록	팀명	이름(국적)	대회장소	날짜
12.212	Fantastic Four	Zhewei Wu (USA) William Polly (USA) Chandler Miller (USA) William Orrell (USA)	Towson, MD	2015.04.18.
12.421	Team USA All Stars	William Polly (USA) Josh Hainsel (USA) Chandler Miller (USA) William Orrell (USA)	Montreal, Canada	2015.04.12.
12.558	Fantastic Four	Zhewei Wu (USA) William Polly (USA) Chandler Miller (USA) William Orrell (USA)	Arlington, VA	2014.11.08.
13.039	Fantastic Four	Zhewei Wu (USA) William Polly (USA) Chandler Miller (USA) William Orrell (USA)	Kansas City, MO	2014.03.30.
13.176	Asians & Not Asians	Zhewei Wu (USA) William Polly (USA) Zachary Weisel (USA) Chandler Miller (USA)	Middletown, DE	2014.02.15.
13.187	Wills & Not Wills	Mason Langenderfer (USA) William Polly (USA) Chandler Miller (USA) William Orrell (USA)	Towson, MD	2013.03.24.
13.43	Wills & Not Wills	Mason Langenderfer (USA) William Polly (USA) Chandler Miller (USA) William Orrell (USA)	Houston, TX	2012.07.27.
13.81	Chosen Five	William Polly (USA) Zhewei Wu (USA) Chandler Miller (USA) William Orrell (USA)	Philadelphia, PA	2012.06.09.
13.81	Team Germany 18u	Timo Reuhl (GER) Jonathan Kettler (GER) Kevin Nalasko (GER) Ryan Powell (GER)	Butzbach, Germany	2012.04.15.
13.96	Wills & Not Wills	Mason Langenderfer (USA) William Polly (USA) Chandler Miller (USA) William Orrell (USA)	Colorado Springs, CO	2012.03.25.
14.38	SST Butzbach I	Timo Reuhl (GER) Jonathan Kettler (GER) Kevin Nalasko (GER) Ryan Powell (GER)	Crailheim, Germany	2011.10.22.
14.44	Winning	Mason Langenderfer (USA) Steven Purugganan (USA) Chase Werfel (USA) Luke Myers (USA)	Dallas, TX	2011.04.16.
15.40	SST Butzbach 18U	Timo Reuhl (GER) Jonathan Kettler (GER) Kevin Nalasko (GER) Ryan Powell (GER)	Phol Goens, Germany	2011.03.20.
17.90	Stack Freaks	Dominic Valerian (USA) Josh Harry (USA) Christian Dinevski (USA) Tyler Cole (CAN)	Connersville, IN	2011.03.12.

맺으며

"스포츠스태킹은 '긍정'의 스포츠"

스포츠스태킹은 긍정의 스포츠입니다. 모든 요소에 긍정의 시각을 담았습니다. 긍정의 시각으로 바라보지 않으면 오해의 소지가 생깁니다. 스포츠스태킹은 철저히 이용자 중심이어야 합니다. 특히 대회에서는 더 그렇습니다. 심판이나 운영진은 선수로 참여하는 스태커들을 위해 존재합니다. 그래서 심판은 "준비되었으면 시작하세요."라고 말합니다. 절대 재촉하지 않습니다. 스태커가 준비될 때까지 기다려주는 '미덕과 아량'의 스포츠입니다. 좋은 기록을 냈을 때 환호와 박수만큼이나 실수 장면에서 위로의 박수가 큰 이유는 기록의 부담감을 공감하기 때문입니다. 스포츠스태킹은 심판이 선수로 대회에 참가할 수 있도록 허용하고 있습니다. 심판이라면 선수의 입장을 이해해야 한다는 정신을 반영한 결과인 듯합니다.

스포츠스태킹 규칙 가운데 1-10-1 스택을 할 때, 둘 중의 하나는 컵을 뒤집어서 놓으라는 규정이 있습니다. 코치 교육을 할 때, 간혹 궁금해하는 분들이 있습니다. 내가 찾아낸 이유는 바로 "표시(sign)"입니다. 기록경쟁을 하는 스포츠로써 빨리할 수 있도록 도와주는 규정입니다. 만약 뒤집어 놓지 않는다면, 1-10-1 후 다운스택을 할 때

맺으며

마다 어느 쪽 컵을 위로해서 다운할지 뇌가 항상 판단해야 합니다. 이러한 판단의 시간을 없앰으로써 빠른 기록을 낼 수 있게 만든 일종의 '머슬 메모리'인 셈입니다.

이는 2010년에 규정에서 삭제된 '탭'과도 연관이 많습니다. 스태커 대부분은 규정에 있기 때문에 그대로 따른다고 합니다. 그런데 왜 그런 규정을 만들었는지 '긍정'의 시각에서 생각해봐야 합니다. 내가 찾아낸 이유는 1-10-1을 안정적으로 할 수 있도록 도와주는 '장치'입니다. 어느 한쪽의 컵을 뒤집어 놓을 때 손목을 비틀어서 놓고, 다운스택을 할 때도 손목을 비틀어서 컵을 잡아야 합니다. 그러다 보면 불안정하게 잡힐 수밖에 없습니다. '탭'은 컵으로 바닥을 한 번 쳐줌으로써 컵을 제대로 잡아서 보다 안정적으로 다운스택을 할 수 있도록 합니다. 그런데 어느 정도 시간이 지나 익숙해지면서 '탭'의 필요성이 사라지게 되었고, 이를 규정에 반영하였다고 추측합니다.

이처럼 긍정의 시각으로 보면 그 이유가 보입니다. 물론 예로 든 두 가지는 나만의 생각입니다. 누구도 이렇게 말하는 걸 본 적은 없습니다. 심지어 스포츠스태킹을 만든 밥 팍스도 이렇게 설명한 적은 없습니다. 하지만 확신

합니다. 긍정의 시각으로 보지 않으면 모든 게 부정적인 요소로 볼 수 있기 때문입니다.

최현종은 말한다. "몇몇 친구들에게 저의 비법을 가르쳐주려고 했지만, 쉽게 받아들이려 하지 않았다"라고요. 아는 만큼 보이고, 그때 보이는 세상은 이전과 다르다고 흔히 말합니다. 혹시 내가 알고 있는 게 잘못되었을지 모른다는 물음을 해보셨나요. 그 불편한 진실을 덮은 채 우리는 쉬운 방법을 찾으려 애씁니다. 진실이나 진리는 '불변'이라는 조건이 붙습니다. '세상 만물은 모두 변한다.'는 그 사실이 진리이며 진실입니다.

전설은 쉽게 만들어지지 않습니다. 쉽게 만들어진 걸 전설이라고 부르지도 않습니다. 만 14세 소년은 상상보다 더 큰 노력으로 세계챔피언에 올랐고, 지금도 진행 중입니다. 최현종은 이러한 자신의 경험과 비법을 나눠주려고 합니다. 하지만 그 마법 같은 진실을 캐내는 건 독자의 몫입니다. 최현종의 비법을 바탕으로 제2, 제3의 최현종이 나오기를 기대합니다. 그들은 그들 나름의 비법을 또 만들어낼 것입니다. 이것이 바로 긍정의 힘이 만들어내는 '시너지 효과'입니다. 그 효과는 지금부터 시작입니다.

Try, like Hyeon Jong Choi
시도하라, 최현종처럼

초판1쇄발행 2018년 11월 1일

지은이 신동헌·최현종
펴낸이 신동헌
디자인 지일북스

펴낸곳 도서출판 지일북스 **출판등록** 제2018-000089호 (2018년 8월 30일)
주소 서울시 강서구 화곡로13길 107, 상가 C동 203호
전화 070-8738-5738 **팩스** 02-6339-5738 **전자우편** mediababo@naver.com
인쇄·제본 (주)북모아(T.1644-1814)

ⓒ 도서출판 지일북스, 2018
ISBN 979-11-964858-0-1 03690

- 이 책은 저작권법에 따라 보호받는 저작물이므로 무단 전제와 복제를 금합니다.
- 이 책의 전부 혹은 일부를 이용하려면 도서출판 지일북스의 동의를 받아야 합니다.
- 이 도서의 국립중앙도서관 출판시도서목록(CIP)은 e-CIP 홈페이지(http://www.nl.go.kr/ecip)와 국가자료공동목록시스템(http://www.nl.go.kr/kolisenet)에서 이용하실 수 있습니다.
- 잘못된 책은 구입한 서점이나 온라인 판매처에서 바꿔 드립니다.
- 책값은 뒤표지에 있습니다.